Cuco Valoy

Biografía autorizada

José Díaz

Cuco Valoy

Biografía autorizada

José Díaz

José Díaz
Cuco Valoy
Biografía autorizada

ISBN 978-0-578-94606-1
Registro legal

Diseño y diagramación: José Díaz
Dibujo de portada: Rigo Peralta
Fotografías interiores: José Díaz. Del archivo personal de Cuco Valoy, Danilza Velázquez. Carátulas de discos y partituras del archivo personal de Cuco Valoy.

Julio 2021

Correo electrónico de José Díaz:
panoramalatin@hotmail.com
danilza@ptd.net
YouTube - José Díaz.Escritor
josediazescritor.blogspot.com

YouTube - Cuco Valoy

Impreso en los Estados Unidos.

A Ana Valoy y a Danilza Velázquez quines alentaron la realización de este trabajo. Al maestro Cuco Valoy que confió en este propósito y a quien tengo el gusto de contar entre mis amigos.

José Díaz

Contenido

Palabras de Ramón Orlando Valoy

El nombre Cuco Valoy, provoca maravillas en la boca de cualquier ciudadano del mundo de la música latina. Belleza, innovación, patriotismo, superación y preocupación por el prójimo son palpables en su obra de más de cinco décadas.

Hombre autodidacta, nunca piso un plantel de una escuela y por sí solo aprendió a leer y escribir, abriéndose paso en una sociedad que para los hombres de su ascendencia social, era muy difícil en aquellos días de nuestra República Dominicana.

El genio lo da Dios y en este hombre lo hizo con exageración, comenzar en el son de un conjunto de guitarras junto a su hermano Martín y tener una pegada desde su Santo Domingo hasta Africa, tomar el ritmo bachata y tener una pegada tremenda como el "Pupi de Quisqueya", de ahí decidir hacer una orquesta única en la historia. Por la pericia de tocar a perfección el merengue y la salsa logró convertirse en un fenómeno de masas internacional.

Mejor como padre, demostrado en el legado que enseñó a varios de sus hijos que hoy, son grandes profesionales de la música, amado por todos sus conciudadanos y el mundo de la música en general, no se repetirá en la historia otro como este fenómeno impresionante del arte y la cultura, que ya no solo pertenece a República Dominicana, si no, al mundo, mi papá: Cuco Valoy.

Ramón Orlando Valoy

Cuco Valoy. Foto del archivo personal de Cuco Valoy.

El primer recuerdo

Cuco Valoy. Foto José Díaz

El 6 de enero de 1937 nació Pupo Valoy, mejor conocido como Cuco Valoy, en la Sección San Miguel de Manoguayabo, República Dominicana, el mismo lugar en el que en medio de carencias económicas nacieron muchas glorias de la música, el arte y el deporte quisqueyano.

"En aquella época" –menciona Cuco– "las mujeres iban a lavar la ropa al río, una vez lavada la colocaban o encajaban entre dos pedazos de yagua y estos en la cabeza de la mujer que así regresaba a casa con la ropa limpia".

Cleotilde, la mamá de Cuco, debido al peso de la ropa sufrió daños en el cuello y en la vena aorta que complicaron su salud, el deterioro de la misma y finalmente su muerte.

"Nunca olvidaré esos momentos, muy temprano en la vida vi el sufrimiento de un ser amado y la impotencia de nosotros para mejorar su salud o salvarla. Fue muy doloroso, fue terriblemente doloroso. Mi madre falleció. Su tragedia y nuestra impotencia son el primer recuerdo de mi vida, era un niño de tres años. Mi mamá, en medio de nuestras dificultades se estaba tomando una sopita, me arrimé velando, ella me dijo que no podía darme porque estaba enferma. No entendí y al mismo tiempo entendí mucho, es difícil de explicar, el mundo se presentaba frente a mí con toda su dureza y crueldad", rememora Cuco con la cabeza gacha mientras sus ojos cerrados dan paso a otras memorias.

Sección San Miguel, Manoguayabo,
República Dominicana

Cuenta Cuco que la Sección San Miguel, en Manoguayabo, terminando la década de los treinta y comenzando los cuarenta, debía tener treinta o cuarenta casitas hechas de palma y yagua. "Mi padre, Santiago Reynoso, era carpintero, ese era su trabajo primordial, realizaba otros quehaceres como hacer carbón y tener gallos de pelea que yo a los siete años cuidaba, era un hombrecito a esa edad con responsabilidad y cumplimiento", afirma Cuco y continúa: "Mi padre tumbaba las palmas, las rajaba y hacía las tablas, con esas tablas hacía las casas, mi padre hizo la mayoría de esas casitas cuyo techo se cobijaba con yagua muy bien cortada y organizada para permitir, por gravedad, que el agua corriera libre y organizadamente. Con gran satisfacción y alegría recuerdo el convite que se hacía el día de cobijar la casita, ese día se terminaba y ese día se hacía una reunión donde los vecinos, los lideres, los caciques, los niños, los viejos y todos celebrábamos conversando, en medio de la comida y la bebida".

Era otro mundo, la vida pasaba sin prisa, no era necesaria. El hombre rural tomaba su tiempo para realizar, con los recursos disponibles, sus tareas en el campo, las que entendía que eran parte de la vida. La tecnología que rondaba en las ciudades era muy poca en la parte campestre, si existía era muy cara por lo que los habitantes de la Sección San Miguel continuaban viviendo la vida de forma simple, manual y artesanal.

Cuco afirma que a pesar de todos los problemas, las dificultades y la simplicidad conque se vivía prefiere aquel rigor de vida al actual. "Había mucha pobreza y había mucha riqueza, es difícil de explicar" –dice Cuco– "teníamos un pedacito de tierra, cada casa lo tenía, pero ese pedacito estaba libre de contaminación, libre de alquiler y libre de arrendar como pasa ahora en la República Dominicana entera. Además del conuco había espacios muy grandes a los que nos referíamos como: monte. En esos montes jugábamos, crecían las matas de aguacate, mamey, lechosa, naranja, mango, mango de diferentes clases como el mameyito, huevo de toro y banilejo, se turnaban las cosechas. Había tanta abundancia que muchos de los aguacates se aprovechaban en aquella época para alimentar los puercos, había animales en todas las casas, no faltaban las gallinas, los gallos, los perros, los burros y los caballos que se usaban para trabajar. Yo más grandecito llevaba una dieta rica en frutas, guayaba, mamones, guanábanas, mangos. Debido a eso tuve tanta fuerza, era un toro, un toro de verdad. Me comía una lechosa entera, me comía veinte limones dulces de una sentada. La tierra era bendita, producía de todo y todo era sano. El agua la buscábamos en el Río de Manoguayabo que era realmente un poco retirado a la casa pero había tiempo para todo, para ir a buscar agua, para bañarse, para lavar la ropa, para regresar con calma. No me duele decir que aquella época con todo y pobreza, para mí, es preferible a la actual. Se vivía, se vivía, se vivía".

Cleotilde, la mamá de Cuco, tuvo cuatro hijos de una primera relación y siete con Santiago. Cuco era el penúltimo de los hijos, Martín con quien Cuco hizo el dueto Los Ahijados, era el menor. Ella falleció cuando Cuco tenía un poco más de tres años, esto creó un choque en la vida de Cuco que entendió rápidamente que en su desarrollo llevaría el vacío de haber crecido sin el calor, el amor y las enseñanzas de su mamá.

Santiago, el padre, se iba a los montes a tumbar palmas y hacer las tablas, un trabajador de tiempo completo que además mantenía un conuco que suministraba yautía, ñame, auyama, papas, guineos y plátanos, los víveres necesarios para la mesa que junto a una buena dosis de limones dulces, naranjas, papayas y otras frutas constituían la dieta diaria de todos en la casa. Dieta que además tenía la rigurosidad de la disciplina que terminaba Santiago con la frase: "Por encima de la honradez: nada". Tenía Santiago un horno en el que elaboraba carbón vegetal y las jaulas donde mantenía sus gallos de pelea.

Las responsabilidades en la casa se compartían, al irse en busca de trabajo y oportunidades los cuatro hermanos mayores de padre y madre, Cuco, a la sazón de 7 años, asumió la responsabilidad de cocinar para el papá y sus hermanos además de cuidar los gallos de pelea. Cuco recuerda que salía temprano a buscar leña para preparar el fogón y sacaba tiempo para jugar con sus amiguitos entre los que estaba el hoy famoso Cheché Abreu QEPD.

Cuco Valoy. Foto del archivo personal de Cuco Valoy.

El primer abuso

En la época del dictador Rafael Leonidas Trujillo (1930-1961) era lo que el "Jefe" como se le llamaba dijera y dictara. En aquella época, los dominicanos tenían como documento de identidad la cédula. Cuenta Cuco que los guardias del escuadrón de caballería llegaban a cualquier hora del día o de la noche y tocaban en las casas del barrio, usualmente casa por casa preguntando por la cédula. Quien no tuviera la cédula era arrestado. Había cerca a la Sección San Miguel una laguna infestada de sanguijuelas. "Era muy niño, una noche que llegaron" –recuerda Cuco– "apenas tocaron mi papá se fue corriendo al patio y se acostó detrás de un toro que se había echado a descansar. La guardia registró todo por encima de todos, no les importó si habían mujeres o niñas, esa noche vi el primer abuso en mi vida y desde esa noche, todo lo que se llama o tiene que ver con Trujillo es rechazado por mí. A los arrestados los llevaban a la laguna a cortar yerba pae para los caballos y los metían allí para que las sanguijuelas les chuparan la sangre".

Los gallos de pelea

Foto José Díaz

Un niño con responsabilidades de adulto, así puede decirse que pasó la infancia de Cuco Valoy. Santiago, ocupado en sus quehaceres de la carpintería y el conuco había delegado el cuido de los gallos de pelea a Cuco quien con gran facilidad y entusiasmo hacía el oficio que no solamente ejecutaba sino que gozaba porque aquello de los gallos de pelea era para él un arte con sinnúmero de matices que solo estando continuamente con ellos podían aprenderse.

Cuco ayudaba a su papá en los entrenamientos de los gallos, como es sabido no es nada fácil preparar un gallo para pelear. Comenzaban por acariciar el gallo y después rociarlo con agua en la cara, el gallo se sorprende y se sacude, se cree que esto le ayuda a endurecer la piel lo que lo hace más resistente a las heridas recibidas en combate. Después los gallos se "pelaban" que no era otra cosa que cortarle con mucho cuidado y tino las plumas con una tijera, sin lastimarlos, los muslos se les ponen colorados como candela, se les lava la piel diariamente con jugo de limón agrio. Es como si fuera un boxeador que se está preparando. Este proceso se realiza hasta que el gallo está listo, se sabe que está listo porque comienza a cantar, la cola se le pone larga y la cresta y la barba le han crecido. La cresta y la barba se cortan. El gallo continúa su entrenamiento que se hace con responsabilidad y rigor. "Claro que hay también quienes sin entrenar los gallos los lanzaban a pelear, a esos gallos se les conocía como "A espuela limpia" y sus dueños solo le apostaban a la aventura", recuerda Cuco con la emoción de un niño que ve volar sus sueños y añade: "La alimentación es muy importante y debe hacerse con buen maíz. Es todo lo que el gallo necesita, un buen maíz y agua muy limpia, esporádicamente se le daba carne pero muy poca". Los gallos van ganando experiencia y su entrenamiento es como el de un púgil, tienen un *sparring* con el que se asegura que el gallo vaya ganando los espacios, la fortaleza y la velocidad necesarias para tirarlo al ruedo. En algún momento del aprendizaje los gallos se sacan de sus jaulas y se amarran de una pata cerca a un palo enterrado en el piso. "Los gallos son como fieras" –afirma Cuco y prosigue– "hay que tenerlos separados, si se juntan se arma la grande y se matan. Así de fácil. Son peleadores por naturaleza. Aún en las jaulas hay que tenerlos con mucho cuidado, si hay un gallo suelto y por casualidad alguno saca la cabeza por el entretejido o la reja de la jaula el que está libre lo ataca y es casi seguro que lo mate".

Cuco era el preparador de la cuadra, después de alimentar los gallos se llevaban a un circulo, como la arena donde pelean, ahí se arrean durante un buen rato para que corran dando vueltas dentro del redondel y mejoren la resistencia. Ya listo el gallo entonces procedían a preparar las espuelas, ellos mismos las hacían, se cortaba delicadamente la espuela natural del gallo hasta un punto que sirviera de apoyo y base para introducir la espuela hecha de material que era terminada con filo y punta aguda. La espuela no es otra cosa que un arma letal.

"Vi muchos gallos agresivos de verdad. Piensa en gallos nerviosos a los que las gallinas les pasaban por el lado y no podían hacer nada porque estaban enjaulados o amarrados. Es una cosa fuerte, imaginatelo por un instante. Un gallo con toda la juventud y fortaleza del mundo que no pueda pisar la gallina que le cruza muy cerca. Esas son palabras mayores. Pues esos gallos van desarrollando más rudeza. Vi gallos que asestaron tiros a gente, heridas que duelen, que duelen de verdad y para no hacer la historia muy larga por ahí quedaron un par de tuertos que metieron sus cabezas en el momento menos oportuno al ruedo en medio de una pelea", recapitula Cuco.

Las peleas se realizaban usualmente los domingos, Cuco y su padre llegaban a la gallera con uno, dos o tres gallos para el evento del día, pantalones cortos, una camiseta, unos pesos y una tonelada de sueños para competir con los otros galleros que llegaban, a la Gallera de Manoguayabo con igual cantidad de ilusiones. Los dueños miraban los ejemplares ajenos y manifestaban entonces sus deseos con un "tengo uno que puede salir con ese tuyo", quien recibía el desafío aceptaba o no, si decidía enfrentar su gallo entonces las dos aves se pesaban. "Aquí viene parte del conocimiento de los galleros, una vez pesados los gallos se les miraba la piel y en muchos casos esa inspección visual era suficiente para cambiar de opinión y no realizar la pelea, además aparecían gallos famosos, gallos que no perdían y con los que nadie quería enfrentar su gallo" –rememora Cuco mientras sonríe manifestando la satisfacción del recuerdo agradable, refresca su memoria y prosigue– "digamos que se cazó la pelea, venía entonces la siguiente pregunta: "Con cuánto los echamos?" En aquella época se acordaban $20 que eran $20 dólares. Los gallos iban al ruedo, se careaban. El arbitro anunciaba y comenzaban las apuestas de los parroquianos que se hacían de palabra. Los animales se careaban nuevamente, los propietarios se retiraban y comenzaba la pelea en medio de una algarabía y unos gritos que solamente quien ha vivido esa experiencia puede entender lo que ocurría. Se comía, se bebía, había niños. mayores, ancianos. Nadie sabe cuánto durará una pelea, pueden ser minutos o segundos. Mucha veces un gallo, al comenzar, golpea al otro y lo deja *groggy* en el piso, como si fueran boxeadores. Ahí el dueño decide si retirarlo o seguir, si siguen continuan las apuestas, el ruido y la fiesta porque eso es una fiesta. Al terminar la pelea, sin armar más algarabía se pagan las deudas. La palabra del gallero es de oro. Después entonces aparecen las ofertas de compra y venta de los gallos, se realizan los negocios, los gallos que no dieron la talla pero siguen vivos pasaban de todas formas a mejor vida y terminaban en algún caldero de Manoguayabo".

Foto José Díaz

Lolo, el zapatero malvado

Cuco Valoy. Foto José Díaz

Santiago, el padre de Cuco tenía una hermana en la ciudad capital, ella tenía dos hijos, una hembra y Lolo, un varón que era zapatero y que tenía el taller en la casa de su mamá. Lolo era un hombre tosco, hecho con toda la dureza y rigidez de la vida, un hombre que más allá de las herramientas de zapatería era poco lo que conocía, ni hablar de la compasión y el amor que no figuraban en parte alguna de su vida. Cuco quien contaba ya con 8 años fue enviado por su padre a Santo Domingo para que aprendiera el oficio de zapatero. Llegó a la casa de su tía, la madre de Lolo en donde viviría mientras aprendía a hacer y remendar zapatos. Santiago le había dicho a Cuco que lo enviaba a la capital para que aprendiera ese oficio porque él sabía que Cuco, un niño-hombre laborioso y emprendedor, en cuestión de meses, sería un zapatero. Lo que Santiago no sabía era que el rostro tosco de Lolo realmente mostraba la crueldad detrás de la cara invariable de su sobrino que con ojos grandes siempre abiertos revelaban fuego y odio. Llegó Cuco e inmediatamente se sintió desconectado. Paredes y pavimento por todo lado, calle tras calle y ningún espacio abierto ni para correr ni para jugar. Cuco fuerte, como un toro, como el mismo lo describe, era un excelente jugador de pelota con un batazo respetable al que todos querían en su equipo y que ahora se veía limitado a sentarse en una butaquita frente a Lolo para seguirle los pasos y las instrucciones que eran pocas porque Lolo nada o casi nada hablaba. Cuco extrañaba los animales, las frutas, el río, los gallos, el monte, ese monte donde se perdía a conocer y aprender la vida, el monte donde comiéndose una guayaba veía pasar un burro que a su paso transportaba una carga. Cuco usualmente adivinaba cuál era la carga, lo sabía por el burro y por el dueño del burro, se reía, tiraba una guayaba y cogía otra y así, la vida pasaba dentro de una paz y una felicidad absolutas. El nuevo hogar estaba lleno de presión, Cuco la sentía en el aire. Lolo tenía una niña que se llamaba Leonida y un chiquito cuyo nombre no recuerda Cuco. Ahí también había un niño que iba a aprender zapatería, que no era como se dice: "cien por ciento", algo le fallaba, era un poco lento. "Un día" –recuerda Coco– "el niño hizo algo no conforme a lo que Lolo le había pedido y este se paró del asiento, tomó el tirapié, la correa esa de cuero ancha que los zapateros usan para agarrar los zapatos mientras trabajan en ellos y con esa correa le dio una pela al niño que además, enfermo de gota, cayó al piso. Me sentí mal, muy mal, le cogí miedo a ese tipo, para mi era y es un criminal, ese día juré irme de ahí" .

El oficio de los zapatos no era el preferido de Cuco quien era un muchacho juicioso que caminaba pegado a la regla. Un domingo en la mañana había llegado una visita a la casa, a la hora del desayuno fue Cuco a la cocina y recibió un pedazo de pan, habían hervido una leche y Cuco decidió untar el pan con un poco de la nata que había en la olla con la leche. Tomo una cuchara y Lolo que nunca entraba a la cocina lo vio y le dijo: "Ha, a eso se atreve usted, no se apure, deje que se vaya la visita". Una vez ida la visita Lolo las tomó contra Cuco y con el tirapié le dio tremenda pela. Cuco no lo olvida, no lo puede olvidar. Cuco estuvo una semana con fiebre. Para acabar de completar, como se dice, Cuco estaba sentado en su taburete frente a Lolo cuando este sacó unos limoncillos*, se echó el primero en la boca y mirando al niño dijo: "Ves, por coger lo que no debes coger no estas comiendo limoncillos". "He sido un ser humano que nunca ha abusado de nadie, era un niño y su hubiese sido más grande, no lo dudo, hubiera matado ese hijo de la gran puta" afirma con rabia Cuco. Pasaron unos días, ya Cuco había decidido marcharse. Elaboraba su plan. Por aquel entonces una tía le hacía ropa a Cuco con la tela de unos sacos que se lla-

**** Limoncillo (Melicoccus bijugatus) es una fruta nativa de Colombia y Venezuela que también se produce en República Dominicana donde se conoce como Limoncillo y en Puerto Rico donde se le llama Kenepa.***

maban o se le decía Macario. Cuco sabía ya que en la primera oportunidad de salir debía escapar, en eso estaba claro. Llegó el momento. Un día como a las diez de la mañana le dieron un jarro para ir a traer una boruga* a la casa de la mujer de Lolo. Cuco estaba con su ropa de Macario, descalzo, tomó el jarro vació y se lanzo en busca de su libertad. Cuco tiró el jarro y siguió a pie para Manoguayabo. Llegando a su terreno, como a 7 kilómetros de la casa encontró un retén de militares. Un militar lo vio y le grito "Hey, ven acá." Cuco lo pensó dos veces y decidió que lo mejor era hacer un escándalo. Lloró, gritó y se quejó. "Que es lo que te pasa" –preguntó el guardia– "Mire señor, soy hijo de Santiago Reynoso, llevo trabajando para una señora un mes por un peso y no me paga y yo me voy para mi casa". El guardia miró a Cuco y le dijo "Está bien, váyase". Cuco salió volando. Llegó a su casa, Santiago estaba con los gallos.

–Papá –gritó Cuco.
–Pupito y qué tu haces aquí –le dijo el papá.
–Me vine.
–Devuélvase ahora mismo.

Cuco salió y se fue para el monte a unirse a su equipo de muchachos. Los rumores sobre Cuco eran malos. Las noticias falsas siempre han estado a la orden del día. No fue fácil entrarle al viejo nuevamente pero Cuco supo ganarse otra vez la confianza de Santiago.

f. Cuba y R. Dom. Requesón que, después de coagulada la leche, sin separar el suero, se bate con azúcar y se toma como refresco.

Crimen ecológico

Cuco Valoy. Foto José Díaz

A muy temprana edad Cuco vio lo que describe como el primer crimen ecológico en la República Dominicana. "En la década de los cuarenta, Trujillo, "El Jefe", le rentó el Río Manoguayabo, a una compañía estadounidense que se llamaba: Jefre o algo así. Esa compañía se encargó de meter camiones enormes y sacar todo lo que pudieron del río, se llevaban la piedra y la arena, con todo ese movimiento y ese ir y venir fueron cambiando los niveles del Río Manoguayabo y esa fuente de agua donde nosotros de muchachos cogíamos los peces hasta con la mano se moría. El río abastecía de agua los pueblitos de por ahí, era un caudal enorme de agua donde aprendimos a nadar, sacábamos el agua para tomar, para cocinar, para lavar la ropa, en fin, para todo. Cuando llovía mucho salían enormes cantidades de peces, especialmente uno que se llamaba guabina que capturábamos sin esfuerzo. Por eso he dicho que había riqueza en medio de la pobreza. La agricultura era rica y poderosa. Hoy en día el río no es más que un pedregal y el monte un aglutinamiento de cemento y varilla con edificios que podrán mirar al futuro pero que lloran ante un pasado que seguramente fue mejor", afirma Cuco.

Cuco Valoy. Foto del archivo personal de Cuco Valoy.

Encuentro con la música

Cuco tenía claro desde su niñez que su vida giraría en torno a la música o a la pelota. Poseedor de una gran fuerza era un peligro para el equipo contrario cuando se paraba en el plato a batear. Era –dicen sus conocidos: "dueño de un batazo criminal". Inquieto y curioso se arrimaba a novelerear cerca a los grupos que tocaban en las fiestas patronales de los pueblos cercanos. Cuco recuerda que podría ser a la edad de cinco años que escuchó tocar en San Miguel el grupo del acordeonista Nicito Germán interpretando Perico ripiao, le acompañaban una marimba, una güira y una tambora que la tocaba un moreno alto que viajaba desde la capital al que apodaban "Petróleo". Cuco, paradito cerca de los músicos se enamoró profundamente de la tambora y del manejo que de las misma hacía "Petróleo". Las patronales duraban siete días, una semana de trago y fiesta, con la misma gente todos los días que pagaban en aquella época 40 centavos por una botella de ron y Cuco, feliz, hizo un curso visual con el instrumento que le cautivaba. Pasaron los días y Cuco decidió practicar lo que había visto y que le había deleitado así que comenzó a diseñar su tambora, niño al fin y al cabo, dio rienda suelta a sus sueños y recogió fundas vacías de "Cemento Colón" que recortó prolijamente y uso en vez de las tapas de cuero, una lata vacía que le regalaron en un colmado le sirvió como cilindro para la tambora, con unas sogas unió las partes y comenzó a darle golpecitos a su instrumento, el que fue conociendo día a día, el que de una manera muy propia afinaba para sacarle los mejores sonidos imitando siempre a "Petróleo" que no solamente la golpeaba sino que la arañaba como cuando un felino no se despega de la presa capturada.

Pasaron los días y los años y Cuco seguía disciplinadamente tocando su tambora hechiza. Santiago, que no era amante a la música, no le decía nada porque Cuco cumplía primero con su deber y luego se entregaba a la tambora que día a día sonaba mejor pero era, de todas formas, un instrumento elaborado precariamente.

Cumplidos los diez años Cuco ya le daba, como se dice en el argot musical; bien y con fuerza a la tambora.

Tocaba en las fiestas infantiles del barrio, los viejos comentaban de las actitudes del muchachito.

Un buen día habían programada una fiesta en el pueblo de Manoguayabo a cargo de Luis Pérez, un músico que tenía un septeto, el músico que tocaba la tambora y los bongos se llamaba o le decían "Tití" y se enfermó el día de la fiesta que era en la casa de un señor llamado Manuel Merejo a quien le encantaba hacer fiestas en su casa para el 24 de octubre que era el cumpleaños de "El Jefe", para Navidad, para el 27 de febrero, para Semana Santa y para el 26 de agosto. Las fiestas eran de cuarenta o cincuenta personas y no se le podía fallar porque era un cliente fijo. Al enfermarse "Tití" comienza Luis Pérez a buscar un tamborero y le dicen que hay un niñito en la Sección San Miguel que toca muy bien la tambora y los bongos. "Cómo va a ser" dicen que dijo Pérez y pidió que lo llevaran a la casa del niño. Llegó allí y se presentó y le dijo a Cuco "Me contaron que tu dizque tocas tambora y bongos. Quiero saber si te atreves a tocar con nosotros esta noche". Cuentan que Cuco sorprendido y tímido, después de pensarlo un momento dijo que sí. Fue Cuco a su cuarto y se puso su ropita estilo Macario y descalzo salió con Pérez y los otros que habían venido a buscarlo ese domingo por la tarde. La felicidad de Cuco al tocar una tambora real fue y es hasta ahora indescriptible. Se sintió el ser más feliz del mundo. Tenía miedo pero tenía la seguridad que lo haría bien. Contó después Cuco que la tambora era un poquito grande pero que logró domarla antes de la primera intervención, los instrumentos de "Tití" sonaban ahora en las manos de Cuco que como "Petroleo" se unió a ellos en un trance que maravilló a los presentes incluyendo por supuesto a Luis Pérez que le ofreció la plaza permanente a Cuco, el niño, que todavía se llamaba Pupo y le decían "Pupito" porque cuando Cuco sonó la tambora en el primer merengue la gente se paró con la boca abierta y comenzó a admirar al niño prodigio de la música cuyas cualidades musicales se regaron como la pólvora y que el peso y medio que le pagaron fue mucho más que una fortuna.

La sombra de Santiago, el padre, seguía a Cuco. Mientras el septeto sonaba y deleitaba a los presentes en otro baile en Manoguayabo, se abrió una ventanita que tenía una puerta, el rostro de Santiago se metió por la abertura y muy cerca a un trompeta que viajaba desde la capital a tocar con el septeto Santiago exclamó dirigiéndose a Cuco: "Muchacho, te digo que dejes esa vaina que no vas a llegar a ningún lado", el trompetista que se llamaba Pilín le dijo: "Mire viejo, deje ese muchacho que ese muchacho va a llegar muy lejos". "Qué lejos ni lejos", contestó Santiago.

Foto José Díaz

Siempre hay una primera vez

En aquella época, se usaba el famoso fiado y Cuco era el encargado de ir a una bodega a recoger los suministros para la casa. "no se compraba una libra de sal ni una libra de esto o aquello, uno simplemente pedía dos centavos de sal, tres centavos de azúcar y así por el estilo" –narra Cuco– "uno recibía las cosas en una o dos bolsitas y le decía al dueño de la bodega que lo apuntara en la cuenta de Santiago Reynoso, el bodeguero mantenía un cuaderno con las cuentas por cobrar, yo realmente hacía de todo".

Como dice el dicho "siempre hay una primera vez" y le ocurrió a Cuco que un día su papá antes de salir para el monte le dijo a Cuco que esa noche iban a comer plátanos hervidos y que fuera a buscarlos a la bodega. Cuco se enredó en otras actividades, se olvidó, se pasó el tiempo y le falló al papá. El papá preguntó por los víveres. "Se me pasó" –contestó Cuco a lo que Santiago respondió airado: "A estos muchachos cualquier los deja morir de hambre". Cuco entendió que la réplica era un mensaje directo para él y como un gallito por primera y única vez dijo: "Pues mire, ya yo no me muero de hambre". Santiago saltó en ira hacia Cuco quien lo esquivó y arrancó para los montes donde estuvo mes y pico durmiendo en las diferentes casas que le daban posada porque Cuco sabía muy bien que si regresaba a su casa el encuentro con Santiago no iba a ser nada cordial.

Era una época en que los muchachos acostumbraban ponerle sobrenombres a la gente, había un señor que se llamaba Neno, pero habían otros Neno en el vecindario, este Neno era apodado "Neno Blanco" porque era un poquito más clarito que otro apodado "Neno Negro" que incluso tocaba güira en el trio de Nicito.

"Neno Blanco" tenía dos hijos que trabajaban en Santo Domingo, la ciudad capital, uno de ellos para un señor en un carrito donde se pelaban y vendían chinas*.

Cuco le pidió a "Neno Blanco" que por favor lo conectara para irse a Santo Domingo, "Neno Blanco" le dijo que el no podía hacer eso porque no podía perder la amistad con Santiago. Cuco siguió insistiendo, le imploraba hasta que un día "Neno Blanco" le dijo que lo iba a ayudar pero que le pedía que por favor ese fuera un secreto entre ellos y que Santiago, el padre de Cuco nunca debería saber. Cuco estuvo de acuerdo y "Neno Blanco" que había hablado con Don Eduardo, el dueño de las maquinas de pelar naranjas salió para Santo Domingo con Cuco que lo seguía a pie descalzo mientras "Neno Blanco" a paso holgado iba en su caballo. Cuco no lo olvida, era la madrugada del 2 de noviembre de 1952.

Foto José Díaz

**** China, es el nombre con el que se conocen las naranjas en República Dominicana y Puerto Rico.***

2 de noviembre de 1952

El 2 de noviembre de 1952 Cuco dio un timonazo a su vida, a las 8 de la mañana de ese día estaba en la Avenida Mella esquina Santomé en la capital Santo Domingo.

Terminó su etapa en el Septeto de Luis Pérez. Cuco, tamborero consumado, aunque se mantenía en la linea aprendida de "Petróleo" era dueño de su propio estilo y se sabía que Cuco jugaba con la tambora pero recién llegado a Santo Domingo, la lucha por la vida lo obligó a dejar a un lado su instrumento querido y dedicarse a pelar y vender naranjas, oficio que le había conseguido "Neno Blanco".

Uno de los hijos de "Neno Blanco" le enseñó a manejar la máquina de pelar chinas y por instrucciones de Don Eduardo, el dueño del negocio, se instaló el mismísimo 2 de noviembre de 1952 en la esquina de las calles Salcedo y Altagracia cerca del mercado.

Allí pasó Cuco una de las temporadas mas triste de su vida. Sin familia, sin dinero, sin amigos y sin un trabajo que le permitiera ganar para llevar una vida digna. Terminada la jornada de la pelada y venta de naranjas Cuco caminaba unas cinco cuadras y llegaba a la casa de una señora que le permitía dormir sobre una estera en un zaguán. La señora vendía café así que muy temprano en la mañana, cuando a eso de las cuatro comenzaban a colar café Cuco se levantaba para dar paso a los clientes. "En aquella época, ni hablar de baño", rememora Cuco.

Cuco encontró a "Chichilao" un amigo de San Miguel que hacía mucho tiempo trabajaba en una casa de familia en la capital, Cuco le contó las condiciones en que estaba y "Chichilao" le prometió a Cuco que le conseguiría un trabajo por donde él laboraba y efectivamente fue "Chichilao" donde Cuco después de dos días y le dio la buena nueva que le tenía una ocupación donde la señora Lea de Castro, una señora viuda muy mayor que todavía vivía en su casa, una casa de ricos. "Cuando llegué, me vi otra persona porque fuera de la casa grande había unos cuartos para el servicio y mi vida cambió. Ganaba $6 pesos mensuales que me pagaban para cuidar el jardín, lavar el carro, hacer los mandados, en fin algo que para mí era muy fácil. Podaba las matas, imagínate, venía entrenado de mantener un conuco y me gustaba porque había vuelto a tener contacto con la naturaleza" –evoca Cuco y continua– "Al frente había un señor llamado "Panchito", un señor moreno, que me cogió mucho cariño con el que conversaba, cuando le dije lo que ganaba me dijo que era muy poco, que me iba a ayudar y así fue, me consiguió un trabajo ganando $12. ¿Cuándo nos vamos? –le pregunté– "Mañana", me contestó. Cogí mi ropita y las primeras cositas que había comprado, sin despedirme de Doña Lea de Castro salí a la calle y adiós".

"Recuerdo" –dice Cuco– "que vecina de Doña Lea vivía una señora que decían que era mujer de Virgilito uno de los Trujillo y a esa persona de unos 25 años que tenía tremenda cadera y mejores piernas pasó por la acera cuando yo estaba regando la grama un día, llevaba una cadencia colorida y sensual, portaba un vestido florido, sonando sus tacones en el cemento, coquetona me miró y mirándose su trasero me dijo: "¿Te gusta el plebeyo?" Me quedé mudo y paralizado. Estaba enamorado pero ya iba de salida".

Cuco Valoy. Foto José Díaz

Descubriendo la capital

Foto José Díaz

"Panchito" y Cuco llegaron a la casa donde Cuco iba a trabajar. "El señor se llamaba Pedro Freites, la señora se llamaba Julia Pou de Freites. Eran riquísimos. Ella era la persona más difícil del mundo. Me explica lo que había que hacer. Lo primero era limpiar la casa lo que se hacía dos veces al día. La casa era inmensa, los cuartos de dormir eran siete" –recuerda Cuco y prosigue– "terminó de darme las instrucciones y me presentó a dos empleadas del servicio que había en la casa. Cuando uno llega nuevo pues es tímido. Las muchachas me explicaron que el joven que se había ido trataba de regresar y en efecto regresó. Con la experiencia mía de trabajo cuando el muchacho podaba una mata ya yo iba por la quinta, en fin, nos dejaron a los dos pero el muchacho se aburrió y se fue o consiguió otro trabajo, no recuerdo bien. Me gustaba el trabajo, el lugar y la paga. Las dos empleadas y yo comenzamos a entendernos intimamente. Estaba feliz, imagínate, un joven a esa edad, tenía 15 años. Don Pedro era un melao, sufría de la presión, Doña Julia era excesivamente disciplinada y sarcástica, además la verdad jodía bastante al viejo. Si lo veía tomándose la presión le decía "¿Ya te estás tomando la presión? Deja eso y piensa en otra cosa". Don Pedro se iba a su oficina, ellos vendían un jarabe que importaban, regresaba a la hora del almuerzo. Le gustaba el pan tostado, apenas se lo ponían en la mesa Doña Julia entre dientes le decía: "¿Vas a empezar con el pan?. "Hay Julia dejame quieto", contestaba Don Pedro".

Después de seis meses de estar trabajando donde los Freites le dieron a Cuco la noticia que Martín se había ganado una guitarra en una rifa y que había aprendido a tocar un poco. Cuco no había regresado a Manoguayabo porque por una desobediencia las relaciones con su papá Santiago no eran las mejores. Solo Martín y Santiago quedaban en la Sección San Miguel, el resto de la familia había salido buscando trabajo y progreso en la ciudad capital. Fermín, otro de los hermanos de Cuco era el que mantenía la comunicación entre Cuco y Martín. En aquel tiempo el viaje entre Santo Domingo y Manoguayabo no era una cuestión fácil de hacer. A Cuco le regalaron una bicicleta que tenía una canasta al frente, Cuco se la quitó y la bicicleta que quedó según cuenta Cuco como una vaca topa, fue el vehículo en el que regresó a su casa paterna.

Encontró a Martín, le preguntó sobre sus progresos en la guitarra. "Algo he aprendido", dijo Martín. "Te voy a conseguir un trabajo cerca de donde yo estoy para que hagamos un dúo", le dijo Cuco.

Martín se motivó y le agradó la idea de irse porque estaba teniendo problemas con Santiago. Cuco le consiguió un trabajo donde un señor llamado: Angolino que era emparentado según se dijo con los Vicini*. La cuestión es que Cuco y Martín comenzaron a practicar en dúo los boleros famosos de la época, Cuco cantaba y tocaba las maracas, Martín la guitarra. Por aquel entonces las serenatas estaban a la orden del día, la gente le cantaba al amor y se cantaba por amor. Cuco y Martín salían de noche a trabajar y regresaban llegando la madrugada. Doña Julia Pau de Freites se levantaba muy temprano y ya a las cinco de la mañana tocaba un timbre que Cuco, mal dormido, comenzó a odiar. Julia Pau de Freites sabía del dúo pues muchas veces Cuco y Martín ensayaban en el cuarto de Cuco y valga la pena mencionar que a Julia Pau de Freites le gustaba lo que hacían Cuco y Martín. Fue Julia precisamente la que llamó Cuco a Pupo una tarde que regresaban de ensayar en el Parque Ramfis.

Las serenatas las pagaban en aquel entonces de 25 a 50 centavos y los serenateros prácticamente caminaban la noches entera buscando trabajo.

**** Los Vicini son una familia de origen italiano, comerciantes, según Forbes: una de las familias más ricas de la República Dominicana.***

En 1955 Trujillo hizo la "Feria de la Paz y la Confraternidad del Mundo Libre" un evento que "El Jefe" se inventó para celebrar 25 años en el poder, para mostrar sus logros económicos y para desviar la atención sobre sus abusos y las violaciones a los derechos humanos. Muchas empresas de diversas partes del mundo participaron. Una compañía española manufacturera de guitarras llegó a ofrecer sus productos, Cuco y Martín compraron una guitarra de muy buena calidad para hacer un dueto de dos guitarras y dos voces. Ya se les conocía como el "Dúo Valoy".

Foto José Díaz

De Cuba llegaron "Los Compadres"

Más o menos en 1957 o 1958, llegó a la República Dominicana la música de "Los Compadres", un dueto cubano que integraban Lorenzo Hierrezuelo y Francisco Repilado "Compay Segundo". Llegaron como se dice acabando, ellos hacían giras en Centro, Sur América y el Caribe tocando Son Cubano. En aquella época en la República Dominicana muchos ritmos gozaban de popularidad y aceptación, el tango por ejemplo tenía miles de seguidores. Había muchos clubes en todo el país.

Cuando Cuco los escucha se vuelve loco con ellos y decide dejar los boleros e incursionar en el Son Cubano que como él dice: "no era fácil de tocar".

Cuco se reunió con Martín y le dijo: "Mire Martín, cambié. Vamos a tocar Son Cubano. Tenemos que reforzar la guitarra esa que compramos en la Feria de Trujillo para ponerle doble cuerdas" Martín aceptó y fueron a buscar un lutier que les preparó la guitarra. Las cuerdas 1, 2, 3 y 4 quedaron con dos cuerdas, la quinta y sexta con una sola. Cuco y Martín comenzaron a ensañar y a sonar parecido a "Los Compadres" a los que llegaron a igualar. "De un minuto a otro nosotros, Martín y yo, llegamos a ser una copia de "Los Compadres" –recuerda Cuco– "tocábamos esos sones y paralizábamos el lugar donde estuviéramos, era una locura".

La tumba de Francisco Repilado "Compay Segundo" en el Cementerio Santa Ifigenia en Santiago, Cuba. Foto José Díaz

El primer desengaño

Cuco seguía viviendo en la casa de Pedro y Julia Pou de Freites a donde llegó a trabajar una muchacha hermosa que deslumbró a Cuco llamada: Ana María París. "Ella tenía 15 años, yo tenía 16, me enceguecíó, era hermosa. Nos entraban los calores propios del amor y de la juventud pero nunca pasamos de los besos", afirma Cuco.

Doña Julia Pou de Freites no sabía ni sospechaba nada del asunto, de los encuentros que Ana María París y Cuco sostenían en el cuarto de Cuco antes o después de los ensayos y las serenatas. Ella insistía que no podía quedar en embarazo y Cuco no la presionaba, la quería y estaba dispuesto a esperar un tiempo. Pasaron incluso noches enteras en que durmieron juntos y nada ocurrió más allá del sueño compartido. Después de un tiempo, Doña Julia Pou de Freites decidió despedir a Ana María París porque argumentaba que ella no estaba trabajando bien. Cuco ya era el jefe del servicio, llegaron muchísimas mujeres a trabajar a la casa de Doña Julia Pou de Freites y Cuco, joven, vigoroso, que las encantaba desde su cuarto con el canto lejano acompañado de una dulce guitarra las iba conquistando. Sin saberlo llegó a convertirse en el instructor, jefe, compañero y amante ocasional de casi todas las jovenes que llegaron a trabajar en la casa de los Freites.

Cuco se había ganado la confianza de los Freites que le delegaban la coordinación de todos los quehaceres de la casa. Llegó el momento en que Doña Julia Pou de Freites le permitió cantar a toda vos en el jardín y ella que lo escuchaba desde la galería de la mansión le dijo un día: "No cantes tan duro que te puede dar cáncer en la garganta".

"Doña Julia Pou de Freites tuvo una caída en la que se rompió una pierna por lo que su movilidad quedó muy limitada. La llevaron a Cuba para hacerle una operación en la que le pusieron unos tornillos pero la pobre quedó bastante mal. Bañarla era una odisea. Dos de las muchachas la bañaban y yo la sacaba del baño desnuda. Hasta ahí llegó su confianza conmigo", rememora Cuco.

Una vez sin trabajo Ana María París se fue a laborar a un lugar en la calle Bolívar. Pasados unos días Cuco salió en busca de ella. "Como a los cinco días, no habían pasado más, salí en mi bicicletica en busca de Ana María París" –recuerda Cuco– "doblé por la calle Dr. Delgado en busca de la casa de ella y cuál fue mi sorpresa que al llegar cerca a dónde ella trabajaba vi a Ana María debajo de una mata agarrada de la mano con un guardia. Cuando miré eso por poco me muero. Se me vino el mundo encima, la rabia y la tristeza se apoderaron de mí. El fantasma del desengaño me arropó, adoraba esa mujer. Ella me hizo un gran regalo, ese día me hice compositor, muchas de las canciones que he hecho las he escrito con el recuerdo de Ana María pasando cerca o lejos, a mi lado o perdida en la distancia donde llegar es casi imposible, ese momento fue crucial y determinante en mi vida".

Nacen "Los Ahijados"

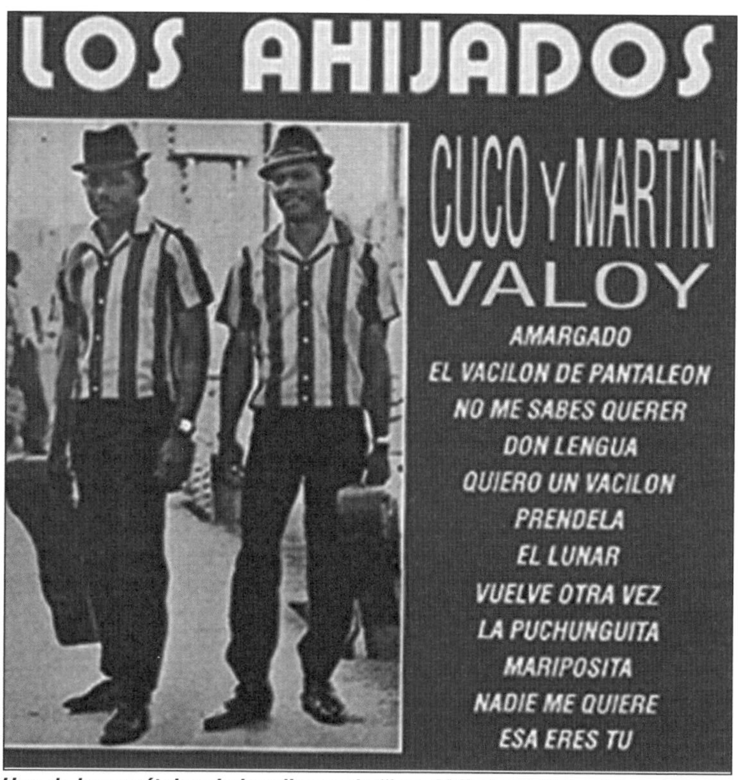

Una de las carátulas de los discos de "Los Ahijados". Foto del archivo personal de Cuco Valoy.

En Santo Domingo, en "La Voz Dominicana" una emisora de Petán Trujillo hermano del "Jefe" y tan malos y déspotas el uno como el otro, había un programa los domingos de 10 a 12 del mediodía que se llamaba "Buscando estrellas". Martín y Cuco fueron a ese programa como "Los Hermanos Valoy" al ser la música que interpretaban una copia del repertorio de "Los Compadres" se armó un escándalo y por primera vez en ese programa que se escuchaba en todo el país, hubo que repetir una canción dos veces, esa canción es *Huellas del pasado.* "El locutor –recuerda Cuco– era Jack Ferreira y emocionado fue él quien dijo: "si Cuba tiene a "Los Compadres" por lo menos nosotros tenemos a "Los Ahijados", a partir de ese momento cambiamos de nombre". "Martín, le dije –rememora Cuco– ya no somos más "Los Hermanos Valoy", a partir de ahora somos lo que dijo Jack Ferreira".

"Caemos en la grabación, en la República Dominicana solo se grababa en lo de Petán pero grabar ahí un disco comercial era imposible así que iniciamos una búsqueda intensa y dura", evoca Cuco.

A Cuco se le había metido entre ceja y ceja que tenían que grabar, había una señora que se llamaba Atala Blandino que tenía un almacén donde vendían libros, discos e instrumentos musicales, ese almacén se llamaba "El salón Mozart" ubicado en la calle El Conde cerca al Parque Independencia al lado de "La Guarachita".

Cuco visitó "Amaro Discos", no quiso grabar. Fue a "Discolandia", tampoco quisieron grabar. Fue a donde un señor que se llamaba "Bartolo Primero", quien dijo que no grabaría. Fue a "La Guarachita", y ellos no quisieron grabar. Regresó donde Atala Blandino y le contó que ellos tocaban igual que "Los Compadres". Ella vendía los discos de "Los Compadres" "¿Cómo?" , preguntó ella. "Sí así como le digo, en "La Voz Dominicana" la rompimos hace unos días. La gente quedó encantada". Le contó Cuco y le planteó nuevamente a Atala que necesitaba hacer una grabación. Ante la insistencia ella le dijo que había una estación de radio que se llamaba HIZ y que allí había un muchacho que probablemente les podía ayudar. Cuco se fue para la HIZ y el muchacho le dijo que le podía colaborar pero que era muy difícil por el equipo y la tecnología. Cuco miró todo aquello. Una consolita pequeña. Recuerda Cuco que "Había un micrófono inmenso de esos de la RCA que lo captaba todo". Cuco volvió donde Atala y le contó lo que dijo el tipo. Atala aconsejó a Cuco regresar a la HIZ y ver como salían las cosas. Cuco le dijo a Martín "Vamonos a grabar, no importa que nadie quiera, nosotros vamos a grabar" llegaron a la HIZ acompañados de un bajista, un bongosero, el hermano Fermín tocando las maracas, Cuco y Martín en las guitarras y las voces. Las guitarras las tocaron bien cerca al micrófono. Comenzó la cosa. Ellos se turnaban la cercanía de las guitarras al micrófono. Grabaron dos canciones en la noche entera. El proyecto costó 60 pesos. $40 para el master que incluía 100 discos que se hicieron en Filadelfia, $5 para el técnico de la HIZ y $15 entre músicos y demás gastos. Los $60 se consiguieron en un san* en el que participó Cuco y que organizó Celeste, la esposa de Martín. En aquella época había que grabar de corrido y completo cada canción, no había edición, ni cortar ni pegar y mucho menos que un instrumento o una voz se grabara después. Era en vivo y en directo y como salió: salió. Además la dicción de Cuco y Martín no era la mejor, menos la pronunciación pues hablaban como en el campo. "Imagínate –evoca Cuco– yo decía: muje en vez de mujer, poco a poco corregíamos"

**** San es el nombre que en la República Dominicana se le da a una sociedad en la que los miembros aportan la misma cantidad de dinero semanalmante. Si por ejemplo hay treinta miembros, cada uno de ellos aporta la cuota establecida durante treinta semanas al final de cada semana uno de los miembros recibe el dinero aportado por todos durante esa semana. En este ejemplo, si la cuota es de 2 pesos, cada miembro recibiría $60. Los más serios y responsables del San recibian como reconocimiento los primeros números.***

Al otro día Cuco se fue para donde Atala con la cinta. "Grabamos", le dijo.

– Huy que maravilla –dijo ella.

– Qué hay que hacer ahora –le preguntó Cuco.

– Bueno, como te dije el master hay que mandarlo a Filadelfia para que hagan los discos. El dinero ya se había conseguido.

Se hizo la diligencia, se recibieron los discos y Cuco se los entregó a "Amaro Discos", una tienda que estaba en la esquina de Benito González y la calle Duarte que antes se llamaba José Trujillo Valdés. Los 100 discos de 78 RPM tenían una canción por cada lado que "Amaro Discos" vendió como pan caliente y a Cuco y a Martín no les dieron ni una migaja. Las canciones eran *En una copa de licor* y *Bailen el son* canciones inéditas de los Hermanos Lavoy.

"Cuando salió eso, "La Guarachita" se volvió loca. Radhamés Aracena, le compró los discos que le quedaban a "Amaro Discos" –evoca Cuco y añade: "Radhamés Aracena, llegó a la casa de los Freites en la Avenida Independencia me dijo que quería que la próxima grabación se hiciera bajo el Sello "La Guarachita", nos prometió villas y castillas, inclusive me dio las siguientes instrucciones para asegurar el éxito: "No digan que son de aquí, mejor decir que son cubanos y no toquen más en la calle porque si se dan cuenta que son de aquí se cae el proyecto" y nosotros jovenes al fin y al cabo le creímos y dejamos de tocar en la calle".

El paso de la jaiva y *Vaivén* se grabaron bajo el sello "La Guarachita", afirma Cuco que Radhamés Aracena, no les dio ni un centavo y continúa: dejamos de tocar como seis meses pero llegó la hora en que necesitábamos dinero. Ya había nacido mi hija Mercedes que con sus cuatro niños murió en el accidente de American Airlines en Queens en 12 de noviembre de 2001. Le agradecíamos mucho a Radhamés que nos ayudó a difundir nuestra música y nos aconsejaba en lo de la dicción, él era muy buen locutor y muy buen productor pero no daba nada hasta que un día cogí para donde él y le dije que Martín y yo estábamos muy mal y pensábamos poner un taller de ebanistería y que necesitaba que me prestara 200 pesos. Radhamés era un tipo durísimo. Ese hombre cambió de color, frunció el ceño y movió los hombros como si se le salieran del cuerpo. Me dijo que sí pero un sí que más parecía un no. Salí y quedé de regresar al otro día por el dinero. Siempre tenía una excusa. Volví muchas veces, estuve cerca de abrirle un hoyo a la puerta de "La Guarachita" de tanto tocarla. Después de quince días ya harto me metió para la oficina y me dio 200 pesos en billetes de a uno. Me fui corriendo para la casa y le dije a Martín que tenía el dinero".

Cuco ya entendía la cuestión de la grabación y decidió hacerlo para él mismo, grabó un disco con las canciones *El radiotécnico* y *Cuchumba* compuestas por Johnny Fulgencio. Este sencillo lo promovió en "La Voz del Trópico". Recapitula Cuco: "allí había un locutor que se llamaba o le decían "Charlie-Charlie" al que le gustaba tocar mucha música de guitarra. Tocaban la música de Johnny Ventura que era un león. Ya existía el sindicato de músicos AMUCABA".

"Martín y yo nos metimos en el estudio y mandamos a hacer los discos. Cuando Radhamés se dio cuenta se puso furioso y quiso prohibir que tocaran los discos en otro lado porque él (Radhamés) tenía grabados los dos temas durante unos ensayo y los puso sin autorización en uno de los discos que habíamos grabado para él. Lo llevamos al sindicato y le quitaron 800 pesos, ya te imaginas como se puso, a nosotros nos dieron ese dinero o sea que Radhamés había perdido con nosotros 200 más 800" –Cuco sonríe mientras recuerda el suceso y continúa: "El éxito abría puertas, los primeros 100 discos los compró un almacén a peso y medio, se mandaron a hacer más, el nombre de "Los Ahijados" subía como la espuma. Radhamés seguía enojado y "La Voz del Trópico" continuaba apoyándonos. Llegaban los discos y los vendíamos a peso y medio. Radhamés usaba su influencia para que sus clientes no compraran ni vendieran nuestros discos. Me organicé con mi mujer y ya con tanto dinero que aparecía comenzó también lo que hoy en día llaman la vida loca".

Cuco y Martín Valoy. Foto del archivo personal de Cuco Valoy.

Pasado un tiempo tomaron Cuco y Martín una pausa hasta que aparecieron los empresarios Adriano Rodríguez y Críspulo Pereira, quienes acordaron una gira con "Los Ahijados" realizando el debut en el Teatro Atenas de Villa Francisca en Santo Domingo frente al Parque Enriquillo, corría el año 1958.

"Los compadres" llegaron en unas dos ocasiones a la República Dominicana y nosotros "Los Ahijados" pudimos ensayar con ellos. Ellos nos elogiaron y presagiaron nuestro brillante futuro. "Compay Segundo" ya había salido de "Los Compadres" –recuerda Cuco– "mi admiración por él no tiene límites".

Carátula de uno de los discos de "Los Ahijados". Foto del archivo personal de Cuco Valoy.

Martín Valoy

Martín y Cuco se entendían muy bien en la música, esa era la parte donde giraban sobre el mismo eje, las vidas de ellos, criados bajo el mismo techo y la misma disciplina eran diferentes.

"Martín era el último, el más chiquito, el menor de todos mis hermanos" –recuerda Cuco– "era muy inteligente. En el transcurso del tiempo que yo me fui de San Miguel, Manoguayabo, él se quedó y aprovechó para ir a la escuela. Martín tenía una caligrafía hermosa. Siempre hablaba de temas de ciencia y de filosofía, cosas que realmente yo no entendía. Yo soy una persona de hacer una canción con algo que vea, por un amigo, por un desengaño, una traición, lo mio es una música de pueblo, Martín, en la música, trabajaba bajo mi dirección, él vivía con la ilusión que yo estudiara libros y tal, pero mi respuesta a esa inquietud era que la forma de yo producir las canciones era conforme a lo que mencioné antes: celos, política, agrado, desagrado, traición, amor y desamor. Le decía: Martín tengo mi forma de hablar y no la puedo ni dejar ni cambiar porque entonces voy a dejar de ser Cuco. Martín tenía un oído prodigioso. Eramos compadres, el me veía a mi como yo lo veía a él, como una persona sumamente inteligente. El me insistía en que me preparara académicamente yo era enfático en decirle que no iba a salir de donde estaba porque yo era así, porque lo que yo escribía era para la gente del pueblo, de la clase media hacia abajo, a veces se iba hacia arriba pero esa realmente no era ni mi intención ni mi propósito. Le decía yo a Martín que la gente de abajo somos la mayoría y que eso es lo importante. Martín hablaba de un poco de cosas que yo ni entendía ni entiendo. La inteligencia de Martín fue marcada con hechos y habla por sí sola. Cuando decidí poner una pausa a "Los Ahijados" y colocar las guitarras en un rincón él no quería, continué con la idea y formé la Orquesta "Los Virtuosos". Pasamos de "Los Ahijados" donde tocábamos de oído a "Los Virtuosos", una orquesta donde aparecieron las partituras y las notas musicales de Ramón Orlando Valoy mi hijo, un talentoso pianista graduado en el Conservatorio Nacional de Música de la República Dominicana, quien a pesar de su juventud y gracias a su gran talento: fue nombrado el director musical de la orquesta. Un buen día, ensayábamos la base del grupo bajo la dirección de Ramón Orlando que sintió que a Martín no le estaban saliendo las cosas como él las dirigía. Con mucho respeto le dijo: "Tío, creo que usted va a tener que estudiar música". La cosa quedó ahí. Martín salió calladito y fue y se compró el método de Pozzoli y al poco tiempo estaba tocando el bajo como el mejor. Ese era Martín. Ya yo había estudiado cuatro años en el Conservatorio Nacional de Música de la República Dominicana. Vino el debut de "Los Virtuosos" y ahí la sacamos del estadio. Nosotros nos tomábamos nuestros tragos, es verdad, pero Martín además de tomar tenía lo que se llama "malos tragos", era desordenado, no lo puedo negar. Martín me veía a mi como su padre. Tuve que sacarlo muchas veces de los cabarets donde se sentaba a beber y en los cuales, en varias ocasiones, armó problemas, me lo llevaba, él me respetaba pero volvía al asunto. Martín falleció el 8 de julio de 2013". Cuco agacha la cabeza y con los ojos llorosos encamina sus recuerdos más allá de la memoria de su hermano.

Cuco (derecha) y Martín Valoy. Foto del archivo personal de Cuco Valoy.

Cuco (Izquierda) y Martín Valoy. Foto del archivo personal de Cuco Valoy.

Miguel Matamoros

Cuando tocamos el tema de Miguel Matamoros, Cuco se acomoda en su silla cómo cuando un jinete quiere estar perfectamente puesto al momento de dar la partida en una carrera. "La dimensión de Miguel Matamoros en la música cubana, la música latina y Cuco Valoy es inmensa" –dice– "Matamoros para mí es el padre del Son cubano, música que continúa y continuará por siempre. Yo no creo que exista un país latino donde Miguel Matamoros y su música no hayan penetrado, era un fenómeno, es un fenómeno. A mí además de haberme marcado con su música, como ya lo he expuesto, quienes más influyeron en mi fueron "Los Compadres".

Estatua de Miguel Matamoros en Santiago de Cuba, Cuba. Foto José Díaz.

Rafael Leonidas Trujillo, "El Jefe"

"Se ha escrito mucho sobre Trujillo "El Jefe"[1], lo que se diga de él es poco, se han hecho películas y muchas cosas, podríamos hacer otro libro ahora" –dice Cuco– "pero lo voy a resumir así: Trujillo era el dueño de todo, de la tierra, de la riqueza, de los hombres, de las mujeres, de todo. Dentro de lo malo aparece algo importante. El controlaba los precios, si alguien abusaba en los precios lo capturaban y lo enjuiciaban. Nadie podía vender a un precio distinto al que autorizaba Trujillo. Es verdad que se podía dormir con la puerta abierta, nadie entraba a una casa que no fuera la de él. El que se propasaba la pagaba. Pero había abuso y había que estar para lo que "El Jefe" dijera. El era como se dice: juez, jurado y verdugo. Quien se oponía a "El Jefe" ponía su vida en peligro. Se vivía con miedo, con mucho miedo, con miedo de verdad. Entre los muchos asesinatos ocurrió el de las hermanas Mirabal, un crimen horrendo. En esa época habían muchos dictadores, criminales que hacían lo mismo que él y que eran sus amigos. En España: Franco, Batista en Cuba y así por el estilo. Eso es lo que tengo que decir, uno de los hombres más malos que ha habitado la tierra, un bárbaro, un ladrón, un criminal, uno que tenía todo lo malo que pueda haber, en pocas palabras: un hijo de la gran puta".

Arriba el "Monumento a los Héroes del 30 de Mayo" realizado por el artista Silvano Lora en Santo Domingo. Foto José Díaz.

[1] Rafael Leónidas Trujillo Molina, fue un dictador dominicano que gobernó desde el 16 de agosto de 1930 hasta su asesinato el 30 de mayo de 1961. Se estima que en su régimen más de 50 mil personas fueron asesinadas.

La descendencia del dictador

Cuco no deja de mostrar su molestia cuando se habla de Rafael Leónidas Trujillo Molina o de sus descendientes[1]. "Hablar del apellido Trujillo en la República Dominicana es una falta contra la dignidad, la sociedad y la historia en nuestro país. Cuando escucho que Luis José Ramfis Rafael Domínguez-Trujillo o como se llame, nieto del dictador quiere ser presidente de la República Dominicana, me estremezco y me parece el colmo y más aún me zarandea enterarme que hay dominicanos que lo siguen y lo promueven. Es una pena ver como la gente olvida no solo el tiempo del dictador sino como sus descendientes asesinaron a los que estuvieron envueltos en el ajusticiamiento del dictador, que vaciaron las arcas del país y se fueron a disfrutar de lo mal habido a otra parte", afirma Cuco.

[1] Es de conocimiento público que varios de los Trujillo, una vez ajusticiado el tirano huyeron a bordo del yate Angelita (un buque escuela de cuatro palos convertido en yate privado de la familia y así bautizado en homenaje a Ángeles del Sagrado Corazón de Jesús, hija del dictador y madre de Luis José Ramfis Rafael Domínguez-Trujillo). En ese yate se llevaron joyas y varios millones de dólares en efectivo. Hay quienes afirman que el cadáver del dictador viajó con ellos. Enciclopedia libre y otros textos.

La iglesia y Trujillo

"Algunos miembros de la Iglesia respaldaron a Trujillo" –afirma Cuco y continúa– "no se si por miedo o por conveniencia. Le agradezco a los Freites lo que me permitieron aprender con ellos. Doña Julia y Pedro veían la misa los domingos por televisión, recuerdo que había un arzobispo que era delgadito, no se me ha olvidado su nombre Monseñor Octavio Pitini que cuando celebraba la misa la dedicaba al Padre y Benefactor de la Patria y algunas de esas misas se celebraron en la Catedral Primada de América. Yo veía como ese hombre, Monseñor Pitini glorificaba al dictador. Trujillo era un hombre que metía miedo, apenas se reía. "Trujillo en la tierra y en el cielo Dios", era una de las fraces que se repetía, la otra era: "Dios y Trujillo". En la Catedral Primada de América, en Santo Domingo, en una ocasión asesinaron a un opositor de Trujillo. Ese hombre, según supe, corría y buscaba refugio en la iglesia, entraron y lo ametrallaron. Yo me decía ¿Cómo puede ser que en la casa de Dios asesinen a una persona?"

A la izquierda Rafael Leonídas Trujillo, a la derecha Monseñor Octavio Pitini.

Los Calié, traficantes de la muerte

El tirano Rafael Leónidas Trujillo Molina, "El Jefe", usaba lo que estuviera a su alcance para perpetuarse en el poder y saber que el mismo no era penetrado por los enemigos. Además de las Fuerzas Armadas y la Policía Nacional que le protegían, constituyó un poderoso grupo de soplones a su servicio que el pueblo conocía como los calié[1] el cual fue dirigido por Johnny Abbes García[2], Jefe del Servicio de Inteligencia Militar (SIM) quien era un torturador implacable y asesino despiadado. El SIM era una poderosa organización que aterrorizaba con crímenes y torturas, en sus filas, los agentes secretos operaban en el país camuflados entre limpiabotas, funcionarios de direfentes niveles, militares de todo rango, abogados, médicos, periodistas y fotógrafos. Cuco no fue ajeno a los calié, muchos de ellos se movían en unos carros Volkswagen que se popularizaron con el nombre de "cepillos". "Yo los conocía por el ruido que hacían los carros el cual detestaba –recuerda Cuco– estas gentes tenían sus cárceles, había una que le llamaban "La 40", eran centros de detención, de ejecución y tortura. Nosotros los perseguíamos, sabíamos quienes eran. Unos asesinos a sueldo, malditos en toda la extensión de la palabra. Una nochecita uno de ellos que sabía que yo lo conocía me persiguió revolver en mano, yo era muy ágil, alcancé a escaparme milagrosamente. Los calié te enviaban a la pena de muerte solo con señalarte, eran un terror"

[1] ***Calié (expresión popular). La expresión calié se hizo popular durante la época de la dictadura de Trujillo (1930-1961), pero especial después de finalizada ésta, para referirse a las personas que actuaban como espías, soplones o informantes de las autoridades. Al calié también se le llamaba "chivato" y "soplón". Diccionario de Cultura y Folklore Dominicano de Alejandro Paulino y Aquiles Castro.***

[2] ***El final de Johnny Abbes García sigue siendo un enigma. Existen varias teorías sobre su final. Dicen que tras la muerte de Trujillo se fue a Haití a trabajar para "Papa Doc", que cayó en desgracia con este y lo mandaron a asesinar. Otra versión dice que bajo el gobierno de Joaquín Balaguer se pagaron 70 mil dólares por su ejecución. Se llegó a decir inclusive que pasó o pasa sus últimos años en Nueva York acompañado de una dama que dice ser peruana pero que es en realidad dominicana.***

La tambora en Puerto Rico

En 1963, año en que fue derrocado el Presidente Juan Bosch, Cuco tocaba esporádicamente la tambora en un grupito que actuaba los fines de semana en el cabaret "Los Perros", un club nocturno de vida alegre y mujeres liberales en el sector Villa Juana de Santo Domingo, la capital dominicana. La agrupación era organizada por William Jere, un músico de la banda de los bomberos que era trompetista. Los bomberos de Ponce, Puerto Rico, invitaron a los bomberos de Santo Domingo a que fueran a tocar en la ciudad de Ponce en la Isla del Encanto. En ese viaje, con la ejecución de Cuco, muchos boricuas se enamoraron de la tambora, instrumento esencial para la ejecución del merengue dominicano. Cuco jugaba con la tambora, la sonaba divinamente. "Antes de que la banda de los bomberos tocara en Puerto Rico, la tambora no había ganado su lugar entre los puertorriqueños. Nosotros la pusimos a sonar", afirma Cuco.

Cuco y William Jere no solamente coincidían en la música, ambos eran antitrujillistas. William que además de bombero pertenecía a la Marina de Guerra Dominicana, sugirió que Cuco, por su poder ejecutando la tambora, viajara como refuerzo con la orquesta de los bomberos a Puerto Rico, ganó el voto de sus compañeros y Cuco, sin ser bombero, recibió el uniforme para hacer el viaje a Borinquen.

Foto José Díaz.

Regalías, discos y carro nuevo

Cuco tenía 28 años cuando ocurre la Revolución de 1965. Revolucionario, beligerante y activo en el movimiento, tuvo su vida en peligro en varias oportunidades. Contó con suerte porque afortunadamente no recibió ninguna herida física.

Cuco tenía el negocio CMV (Cuco y Martín Valoy) en Villa Francisca, en la Calle París, esquina Duarte, uno de los lugares más populares de Santo Domingo. CMV vendía sus discos y los de otros artistas pero debido a la Revolución las ventas bajaron considerablemente. La situación económica era difícil para Cuco. El tenía en aquel tiempo un *manager* llamado Sergio Jiménez, quien lo instruyó sobre el derecho y la legalidad que tenía sobre las regalías por sus composiciones las cuales nunca le habían pagado. Cuco no tenía ni idea de que algún dinero le pertenecía por ese concepto y vio entonces la posibilidad de lograr alguna solución a la difícil situación económica por la que pasaba en ese momento. Llamó a Mateo San Martín, el dueño de Kubaney Records a Miami a quien le había vendido dos discos donde estaba grabadas sus canciones y le reclamó. Mateo, que sí sabia lo de los derechos de autor le dijo: "sí, es cierto. Te voy a mandar para que compres un pasaje y vengas a Miami". Así pasó.

–¿Qué es lo que tu quieres? – le preguntó Mateo San Martín a Cuco en su oficina en Miami después de haberlo recogido en el aeropuerto.

–He sabido que por derechos de autor se paga un dinero, si es así quiero que me lo pagues –contestó Cuco.

–¿Y qué vas ha hacer con el dinero?

–Martín y yo queremos poner una barrita.

–¿Barrita? Te voy a dar mil dólares, te vas a Santo Domingo y me esperas que voy para allá la semana que viene. No hables de barrita que tu no sabes nada de eso y mucho menos de bregar con borrachos, tu lo que eres es músico.

Cuco recuerda que se hospedó en un lujoso hotel en Miami y que todo estaba de maravilla hasta que llegó el momento de pedir la comida. Nadie lo entendió, solo hablaban inglés. Cuco llamó a Mateo y le dijo: "Sácame de aquí, nadie me entiende y no puedo pedir la comida. Es verdad que veo mis fotos por todo lado pero yo lo que quiero son arroz y habichuelas. Mateo fue y me recogió" –rememora Cuco en medio de risas.

A los dos días Cuco regresó a Santo Domingo. En unos días llegó Mateo San Martín y fue directamente al negocio CMV, quien después de ver el local le dijo a Cuco: "Estás en el mejor lugar para vender discos en la ciudad, hay que renovar esto de esta y esta forma". Acto seguido llevó a Cuco a las diferentes tiendas de discos en las cuales no solo recomendó a Cuco sino que le dio carta abierta y crédito para que Cuco comprara los discos al por mayor y los vendiera en su tienda, derecho ganado por Cuco por su seriedad y cumplimiento comercial y profesional. El precio del mercado de un disco al por mayor en el momento era de 1 peso. Mateo San Martín grababa y distribuía los discos de Johnny Ventura. Le dijo a su secretaria que el precio para Cuco de esos discos era de 75 centavos y que podía llevarse los que quisiera para que Cuco los vendiera a 1 peso. El negocio se remodeló y Cuco se hizo en el barrio un distribuidor grande donde los revendedores iban a comprar, Cuco se ganaba en aquella época 25 centavos por disco vendido al por mayor.

El negocio progresaba rápidamente, la utilidad en los discos era muy alta. "En aquella época –recuerda Cuco– salió el famoso *Bobine* de Johnny Ventura. Yo iba a "Fabiola" la fabrica que procesaba los discos y preguntaba "¿Cuantos discos hay?, Si me decían mil los compraba todos, los cuales vendía al por mayor en mi negocio"

El negocio marchaba de maravilla, Cuco había cambiado su estrategia de mercadeo, ahora vendía los discos al por mayor a 95 centavos en lugar de a un peso, lo que le sirvió para ganarse la clientela de los revendedores. A los dos meses Cuco ya había comprado un carro nuevo. Cuco sabía muy poquito de manejar, él movía pa'lante y pa'trás el carro donde Doña Julia Pou de Freites cuando lo limpiaba pero eso era todo. Cuco era compadre de un señor llamado Mélido González quien le dio a Cuco una clase de manejar carro durante dos horas. Cuco llevó a Mélido a su casa y siguió manejando para matar la fiebre hasta las tres de la madrugada cuando el sueño lo venció y la aguja de la gasolina anunciaba que faltaba poco para quedarse sin combustible.

Cuco ya se sentía chofer. Un día que iba manejando su "Mini Morris" llegó a una intersección en una subidita de la Calle Hermanos Pinzón, paró y al momento de arrancar el carro que estaba adelante echó hacia atrás antes de iniciar la marcha y golpeo la joya de Cuco. El hombre se fue y Cuco le cayó atrás. Cuando llegaron a la Calle 17 esquina Josefa Brea, Cuco se le paró adelante y salió a discutir con el tipo, el chofer era un oficial de la marina que lo recibió con pistola en mano y un: "Usted ¿qué quiere?" a lo que Cuco replicó "Oh usted ve. Por eso estamos como estamos. Si usted me choca mi carro debe tener la cortesía de parar, pero no, usted se va". El oficial en tono alto y en el mejor grito castrense increpó a Cuco "Cállese la boca", guardó la pistola y se fue. "Ese día me molesté mucho. Te mataban por gusto, estabamos en plena Revolución. Los militares opuestos al movimiento dirigidos por Wesin y Wesin no respetaban la vida de nadie", afirma Cuco.

Cuco Valoy. Foto José Díaz.

Páginas gloriosas

Cuco se toma una pausa, mira hacia el pasado y trasladándose en el tiempo, emocionado recuerda que: *Páginas Gloriosas* fue una expresión, la voz de un pueblo que se sentía robado y ultrajado por el derrocamiento del Profesor Juan Bosch, presidente legitimo de la República Dominicana a quien los enemigos del pueblo le usurparon el poder.

Paginas Gloriosas es la canción que alborotó el país durante el Movimiento Revolucionario de 1965. Para mi la canción más importante que yo he escrito, por lo que se produjo, por lo que yo sentía cuando la estaba escribiendo. En plena revolución *Páginas Gloriosas* se convierte en un himno de guerra. Rompieron cantidad de velloneras[1] porque tenía algunos militares en contra pero por sentimientos, la mayoría de ellos estaba con la canción. Grabo esa canción con un hermano del trompetista Pilín que se llamaba Lelo "El zurdo", quien tocó cuatro. Martín no participó. Cuando aparece *Páginas Gloriosas* yo era conocido en el país por formar parte de "Los Ahijados". Cuando arranca la revolución, la oposición a la fuerza oscura, siempre bajo la mentalidad y dirección del Dr. Joaquín Balaguer y compañía, era encabezada por el Dr. José Francisco Peña Gómez, líder indiscutible del Partido Revolucionario Dominicano, el más grande del país, el que reclamaba el retorno a la constitucionalidad. Cuando el Dr. José Francisco Peña Gómez hablaba en la radio el país se paralizaba escuchándolo. De lo que Peña decía y con lo que yo sentía, bajo esas circunstancias se escribe esa canción. Santo Domingo se dividió en dos después de los hechos del 24 de abril de 1965, los americanos intervinieron directamente y se establecieron bajo el nombre

[1] En Puerto Rico y en la República Dominicana una vellonera es una caja de música tipo tocadiscos, con muchos discos de los cuales quien deposita una moneda puede seleccionar uno para ser escuchado. Es muy probable que la palabra vellonera derive de vellón que es como en Puerto Rico se le dice a la moneda de cinco centavos de dólar la cual se usaba en esas máquinas para seleccionar y tocar un disco. En otros países se conoce la máquina como: traganíquel, jukebox, rocola y vitrola entre otros nombres. Enc libre y otros textos.

de "Fuerza Interamericana de Paz", un organismo político y militar creado por la OEA en la que Estados Unidos cuyo presidente entonces era Lyndon B Johnson, envió 42 mil marines a la República Dominicana, con la disculpa que el Profesor Juan Bosch promovía el comunismo. Yo vivía en el centro de la zona donde ubicaron la "Fuerza Interamericana de Paz" en la zona norte y los revolucionarios estaban en la zona sur, habían sitios por donde cruzar y yo cruzaba.

En medio del proceso revolucionario se da un show en el Teatro Independencia dirigido por el maestro Rafael Solano, quien tenía para el evento la crema y nata de los mejores cantantes, digamos del tiempo de la balada y entre ellos no había sido invitado Cuco Valoy quien con su grupo "Los Ahijados" gozaba de gran popularidad. Me entero del asunto y voy al teatro donde están ensayando. Una vez terminan los ensayos voy donde está Solano y le digo: "Maestro: ¿usted sabe quién soy yo?" "Si, tu eres Cuco" –me dijo. "¿Y qué pasó conmigo que no me invitó?"

Cuco le dijo que "tenía una canción para ese evento y como yo soy Cuco la quiero cantar. Maestro usted da un acorde en Fa Mayor en el piano y yo tengo cuatro fraces que iré diciendo mientras suena el acorde en cuatro tiempos. Vamos a comenzar y yo diré: "Mientras hayan hombres machos y patriotas" enseguida usted da otro acorde y yo seguiré: "Habrá Patria", otro acorde y yo sigo con: "En ellos vive el porvenir de su pueblo", usted da otro acorde y yo: "En ellos está la esperanza de la patria". Y usted sigue en guajiro tipo Guantanamera".

Llegó el día del show, como Cuco había ensayado de último lo dejaron de último. Se hizo la canción y Cuco se ganó el aplauso del público que al terminar la interpretación lo sacó en hombres como a un héroe. Hay que seguir con la canción –se dijo Cuco– y la grabó.

En Santo Domingo ya habían estudios de grabación. Atala Blandino tenía una fabrica de hacer discos en la Avenida Abraham Lincoln que quedaba en la zona donde estaba la "Fuerza Interamericana de Paz". "Allí se hicieron los primeros cien discos. Los recogí y me monté en un carro público en el asiento de atrás con cuatro cajas de ellos" –recuerda Cuco– "iba feliz, había una persona al lado del chofer en el asiento de adelante. Emocionado canté "En los pueblos gloriosos como el nuestro, la libertad se marchita pero no muere", el pasajero volteó a mirarme y en ese instante le veo en el cuello los insignias, era un teniente de la policía, me callé. "Oh, qué canción más patriótica. Sígala cantando" –me dijo. "No, eso fue una persona que le escuché cantando eso y me aprendí ese pedacito nada más", le dijo Cuco. "Caramba que linda", dijo el teniente. Cuco pensó que al pasar por el Cuartel General de la Policía, el oficial cambiaría el tono y lo apresaría. Cuco se dijo "Aquí me jodí", no pasó así, el teniente se desmontó y Cuco siguió con sus cien discos. "Es por eso y por otras cosas que pasaron que digo que a los militares, a muchos de ellos también les gustaba la canción, una canción de pueblo. En la Calle París donde vivía, tenía la tienda de discos, llegué al local y lo primero que hice fue colocar uno de ellos que se escuchaba en el altavoz. La gente que escuchaba se ponía contenta y mostraba sin disimularlo su amor por la patria. Entro la noche y feliz bebí celebrando como nadie se imagina. Una persona por ahí llamó a los americanos y cuando llegaron, casi a media noche, me dijo un soldado: "Qué hace con esa música tan alta a esta hora", yo estaba celebrando, contento, metido en bebida y lo único que atiné a decirle fue: "Cómo que qué música tan alta. Esa es una música mía y la estoy disfrutando", "Bueno pues tiene que apagarla", me dijo el soldado, me prendí y le dije gritao: "invasor,

¿ustedes vienen a mi país a darme ordenes? No señor, eso no"

–Pues tiene 15 minutos para apagarla, dijo y se fueron.

"Entonces fue que yo subí el volúmen" –recuerda Cuco y añade– "Efectivamente a los 15 minutos regresaron y se tiraron con ametralladora en mano, la mujer con quien yo vivía se puso muy nerviosa arrancó el tocadiscos y lo tiró a la calle, se silenció la música. Yo estaba como el diablo". "Aquí el dominicano soy yo" –grité– los soldados se marcharon", rememora Cuco.

Mateo San Martín, no había querido meterse con *Páginas gloriosas* y otros discos de contenido social que yo había grabado en tiempo de la Revolución, pues él le tenía miedo al exilio cubano de Miami.

Después de un proceso político regresa Joaquín Balaguer a la presidencia en 1966, dueño del poder enfila sus fuerzas contra cualquier voz disidente. Bajo su mandato hay expulsiones de sus propios ciudadanos, capturas, represión, arbitrariedades, torturas, desaparecidos, asesinatos y la emigración desesperada.

Cuco viaja a Nueva York y lleva consigo una cinta con diez canciones que Mateo rechazó en su momento y se la entrega a un productor mexicano en Brooklyn, Nueva York, que se llamaba Humberto Hernández. Cuco se le presenta a Hernández simple y llanamente así: "Soy Cuco Valoy de "Los Ahijados" y traigo una cinta en la que está *Páginas Gloriosas* que se ha convertido en un himno popular y aquí vienen otras canciones especiales"

– ¿Cuánto quieres por eso? –preguntó Hernández

– Le voy a dar la cinta en mil dólares.

"No había terminado de decir la cifra cuando el hombre me dio el dinero" –recuerda Cuco– "Hernández hizo una portada del disco con la bandera y el escudo dominicanos. A los tres meses me llamó y me dijo: "¿Sabes? He vendido 50 mil copias en discos de Larga Duración (LP). Y yo pasando hambre. Sergio Jiménez, al ver lo que estaba pasando se inventa llevar a "Los Ahijados" a Nueva York y programa una gira de treinta días en los Estados Unidos, a mi por esa gira me dio mil quinientos dólares. Pero lo más importante era cantar esos discos frente a ese grupo de paisanos casi todos exiliados, era maravilloso. Se sudaba patria".

"La noche de nuestro debut –cuenta Cuco– en el "Ball Room" en el alto Manhattan tocaban varias orquestas entre las que estaban la de Johnny Pacheco, Ray Barreto, Héctor Lavoe, y mucha gente de "Las Estrellas de Fania", era el apogeo de la salsa, había como cinco mil personas. Nosotros en "Los Ahijados" nos preparamos tres meses para esa gira. Ramón Ramírez Palihondo tocaba el bongó, "El zurdo" tocaba el bajo, el güirero era Amable, Martín y yo. Tocábamos a la perfección, era hermoso. Bueno, Pacheco no se pudo contener, en un momento escucho trompetas y allí, atrás de nosotros estaba Pacheco tocando. Después Sergio me contó que Pacheco le había dicho: "Coño, esa gente tiene lo que a nosotros nos falta". Cuando arrancamos con *Páginas gloriosas* se escuchó el llanto emocionado de la gente, era increíble. El salón se paralizó, la gente cantó con nosotros". Fue un acontecimiento inolvidable.

Cuco regresó a la República Dominicana. Un médico fanático de Cuco y su grupo, el Dr. Rodriguez Santos, que acostumbraba ir a unas fiestas que hacia un Sr. Calin en el kilometro 28 de la carretera Duarte, celebraba un baile todos los años para sus empleados. Quiso celebrarlo con

"Los Ahijados" y cuando lo contó a varios de sus empleados le dijeron que ese grupo tenía muy pocos músicos. "El Dr. Rodríguez Santos" –cuenta Cuco– "en muy buena forma le sugirió pagarle más para que incluyera más músicos para que así el grupo fuera más numeroso". Cuco le manifestó al Doctor que no era necesario, que sonaban bien y estaban completos, el Doctor le explicó que fueron cosas de los empleados. "Los Ahijados" para complacer el pedido llegaron con un saxofonista de apellido Garrido y se toco la fiesta pero Cuco no quedó muy satisfecho con el requerimiento de los empleados, el saxofón no era necesario, de todas formas se bailó sabroso hasta las seis de la mañana. Cuco consideró el pedido un acto de ingratitud y discriminación después de haber cantado lo que habían interpretado jugándose la vida. El Dr. Rodríguez estuvo feliz. Al terminar Cuco le manifestó a Martín que iba ha hacer una orquesta y así nace la idea de "Los Virtuosos".

Cubierta de "Páginas Gloriosas" de "Los Ahijados". Foto del archivo personal de Cuco Valoy.

Páginas gloriosas
Letra y música: Cuco Valoy

¡Mientras hayan hombres machos y patriotas!
¡Habrá Patria!
¡En ellos vive el porvenir de su pueblo!
¡En ellos está la esperanza de la patria!

En los pueblos gloriosos como el nuestro
la libertad se marchita y no muere
es un árbol que en la seca se entristece
pero vuelve y retoña en primavera.

Los hombres de mi patria no se humillan
son muy grandes y machos para rendirse
tienen sangre de Duarte, Sánchez y Mella
aquellos que desde la tumba nos animan.

Las páginas gloriosas se escriben
con la sangre preciosa de los pueblos
donde al compas del clarín caen los valientes
que aún muerto el enemigo tiembla en miedo.

Dulce y bella es la muerte en el momento
en que la patria necesita de sus hijos
pues se muere muy sonriente y satifecho
si con sangre se salpica al enemigo.

¡Maldito sea el soldado que obedece al superior para asesinar a la Patria!
¡Maldito sea el soldado que le da la espalda al pueblo para asesinar unos pocos!
¡Maldito sea el extranjero que sin razón y sin derecho abusa de un pueblo ajeno!
Por eso digo en voz dura porque soy hijo del pueblo
A esas bestias asesinas: ¡Mil veces: maldito sean!

Hoy América entera vive orgullosa
Donde quiera los tiranos han tambaleado
uno a uno todos, todos, todos irán cayendo
Porque es el fruto que hemos sembrado.

Y no creer dominicanos que termina
yo diría que solo hemos comenzado
todavía falta cosechar la siembra
en la tierra que con sangre, hemos abonado.

¡Soldado honrado es aquel que no asesina la patria por cobardía ni ambición!
¡Soldado honrado es aquel que lucha al lado del pueblo que quiere ser libre y noble!
¡Soldado honrado es aquel que ofrece su alma a la patria hoy que ella la necesita!

El sello CMV

El Sello CMV era propiedad de Cuco y Martín Valoy. Cuco admite que no ha sido un buen negociante pero que la industria del disco terminando la década de los 60 y comenzando la de los 70 era un negocio fácil y rendidor. Cuco aprendió el oficio de productor de manos de uno de los más conocedores de esa profesión en la República Dominicana, Radhamés Aracena. Cuco abierto a colaborar con las nuevas figuras recibía a todos los que se presentaban con talento en las oficinas del Sello CMV. Por allí pasaron jovenes que después se convirtieron en figuras importantes sobre todo de la Bachata. Los muchachos llegaban y Cuco los probaba, les organizaba los temas y se realizaba la grabación. El que más nombre consiguió de los que pasaron por CMV, puede decirse fue Bernardo Ortíz, el que cantó "Dos Rosas", un tema que se pegó en el país. "En esto de la música –afirma Cuco– hay una ironía. Hay cantantes con voces extraordinarias que no logran la venta del disco, en otras palabras no tienen eso que se llama "Angel" y no llegan, hay otros que no son la gran cosa pero tienen "Angel" y logran ser figuras de éxito. En la República Dominicana hay un cantante que le llaman "Omega", él tiene un estilo que lo convirtió en un fenómeno. La gente lo critica pero su estilo es conquistador. "Omega" tiene "Angel". Yo he sido un afortunado, a la gente le gusta todo lo que hago. Dentro de los talentos que llegaron a CMV, llegó un muchacho llamado Teófilo Garcés. Martín y yo lo acompañamos con las guitarras, pegó una canción que después Daniel Santos grabó y que decía: "Estoy tan amargado que no quiero ni la vida...", Garcés tenía una voz fina, logró el éxito pero perdió el piso, la realidad y se dejó llevar por la fama o la poca fama que consiguió, se tiró a la bebida y desapareció. En varias ocasiones traté de rescatarlo y encarrilarlo pero el hombre había sellado su destino y terminó viviendo como un desamparado en medio del alcohol. Antonio Gómez Salcedo fue otro de los que llegó a CMV, tenía una voz comercial tremenda. Hubo una muchacha llamada Mélida Rodríguez que grabó bajo otro sello una canción titulada *La Sufrida,* Mélida abrió la boca y tuvo éxito, exitazo total".

"Como promotor hice una buena carrera, impulsé varios artistas que lograron ubicarse entre los más populares. En esa época el dinero de los artistas estaba en los discos y no en las presentaciones, lo contrario de hoy en día donde se gana mucho en tarima. En aquella época vender digamos entre 18 mil o 20 mil discos era un cuadrangular con las bases llenas" termina diciendo Cuco.

El Sello CMV desapareció cuando Cuco salió del país.

Cuco Valoy. Foto José Díaz.

"Radio Tropical"

Ya era Cuco Valoy un hombre integrado a la industria del disco. Un buen día escuchaba una emisora de radio y el locutor después de tocar un tema dijo: "Se vende esta estación de radio". Cuco no puede olvidar ni el tono ni el momento en que escuchó tal mensaje. Hoy lo recuerda como "macabro". Cuco recordaba la experiencia con "Radio Guarachita" y sabía del alcance de la radiodifusora, pero poco conocedor del negocio de la radio rentó una frecuencia a la que bautizó como "Radio Tropical" que prometía no solo ser la competencia de "Radio Guarachita" sino ser la panacea de su vida como comerciante disquero y músico.

La emisora estaba ubicada en una casucha de Villa Duarte, un barrio deprimido de la capital dominicana.

Después de cada disco el locutor decia "Se vende esta estación de radio". "Coño! y en cuánto venden esa vaina", se preguntó Cuco y se fue a la emisora. "Esto se renta", dijo el locutor y añadió: "Hay que hablar con la dueña". "Busquemos a la dueña", replicó Cuco emocionado.

Cuco recuerda con gran exactitud que el local donde funcionaba la emisora era muy sucio, que había un micrófono y un locutor al que le decían "Panchito".

Las sorpresas y las anécdotas comenzaron desde el primer día, la emisora dorada solo tenía medio *kilowatt* de potencia y no tenía ni una sola pauta publicitaria, Cuco comenzaba a subirse a un verdadero elefante blanco. Por su fama como parte de "Los Ahijados" recibía llamadas en un teléfono grandote que milagrosamente se sostenía de un clavo oxidado en la pared, cerca a una mesa roída de madera que servía de consola. "Los ratones vivían aquí pero comían al frente" recuerda jocosamente Cuco describiendo las oficinas de "Radio Tropical" y ratificando que así como la manigua enamora al perdido en la selva él se enamoró de la estación de radio que alquiló por $300 pesos mensuales a pesar del calor insoportable que se sufría en las oficinas donde el Aire Acondicionado todavía no había hecho su debut. Considerando las anteriores circunstancias Cuco muda la emisora al negocio CMV. Juguete nuevo para Cuco que enamoraba su audiencia con los seudónimos de "El Súper Suki Sabrosón" y "El Pupi de Quisqueya", prefería no usar el nombre de Cuco por aquello de su relación con "Los Ahijados" que tenían nombre y fama.

La música del momento atraía la audiencia que se complacía después de recibir las solicitudes por teléfono, la música de "Los Ahijados", Luis Segura, José Manuel Calderón, los boleros de Lucho Gatica en primera línea y una que otra melodía de "El Pupi de Quisqueya" que por entonces debutaba con un número que se hizo muy popular llamado "¿Por qué te conocí?" que Cuco tocando el piano había grabado junto a un violinista concertista de la Sinfónica. "Mi piano era terrible pero el violinista lo componía todo, a la gente le encantaba, era una bachata hechicera" –recuerda Cuco. "El Pupi de Quisqueya" por razones más que obvias nunca hizo una presentación en público.

Pero la voz rica de "Radio Tropical" era la del "El Súper Suki Sabrosón", la misma que coquetonamente utilizaba Cuco para alagar y enamorar a las mujeres seguidoras de este personaje fantástico que hacia Cuco detrás de la consola.

"Una noche", recuerda Cuco: "recibí una llamada de alguien que obviamente era un hombre muy amanerado que me dijo: "Mira Súper Suki, por qué metes tantas eses para hablar fino si la puedes meter en otra parte?"

–Mira, esto aquí es mío y hablo como a mi me da la gana así que si no te gusta quítala, respondió Cuco.

– No la voy a quitar porque me gusta mucho el "Súper Suki Sabrosón", respondió el interlocutor.

Revive Cuco en medio de una de esas sonrisas que se dan cuando el que habla se acuerda de alguna de sus picardías: "Las emisoras cerraban la programación a media noche, "Radio Tropical" seguía hasta las 2 de la madrugada, era un relajo, una maravilla, un gusto estar ahí. Tenía a todos los radioescuchas después de media noche. Se vivía con intensidad y sabrosura".

Una mujer con acento diferente, el cual enamoró a Cuco, comenzó a llamar y a solicitar canciones al "Súper Suki Sabrosón" que la atendía con mucha cortesía, amabilidad y simpatía lo que fue conquistando a la radio escucha. Ella continuaba llamando y pidiendo temas. Una vez Cuco dice por la emisora en vivo: "La señorita que me llama y pide *Dos rosas* que por favor me llame cuando pueda". La señorita, fiel escucha, llamó en menos de lo que canta un gallo. Ella se identificó como Martha y dijo además que era la secretaria del entonces Embajador de Chile en la República Dominicana. Cuco ni corto ni perezoso le preguntó si ella sabía si Lucho Gatica era doctor. Un invento de Cuco. Ella le dijo que no estaba segura pero que creía que Lucho Gatica había estudiado. Continuó el diálogo y la conversación. Martha, estaba en la línea con "El Súper Suki Sabrosón" planeando emocionadamente un encuentro. Cuco había grabado con Bernardo Ortíz, *Dos rosas* la canción que ella siempre pedía. "Yo quiero ir a conocerlo" –dijo Martha después de un rato en el teléfono. Cuco, ni corto ni perezoso aceptó, a las diez de la mañana del día siguiente llegó Martha, una mujer que Cuco describe como hermosa de unos ojos negros extraordinariariamente bellos. Cuco se puso nervioso al verla y después de saludarla lo único que se le ocurrió fue colocar un disco de larga duración. El *Long Play* se repitió por si solo mientras Martha, la secretaria del embajador chileno y el "Súper Suki Sabrosón" descubrían los secretos del amor a primera vista disparados por pura calentura y por la química salida del encuentro voluntario, el cual se llevaba a cabo con pasmosa cadencia mutuamente alagadora en el local que, en ese instante, era más que un hotel cinco estrellas donde se mantenía el encuentro lujurioso animado por la voz de la puertorriqueña Blanca Iris Villafañe, que siguió cantando hasta mucho tiempo después de consumada la aventura sexual.

"La pasaba bien en "Radio Tropical" era una cosa muy familiar, se tocaba buena música y se conversaba muy sabroso con la gente, enamoraba las mujeres y además yo decía todo lo que me daba la gana. No tenía ni un solo anuncio y eso era un problema", dice Cuco y ríe mientras aviva los recuerdos: "Ni la contratación de Papi Lafontaine y su voz nos sirvieron, él era un fenómeno pero la emisora estaba muy mal, estaba en cuidados intensivos".

"Los problemas de la Revolución, la falta de anuncios, el costo de mantener la emisora, alejarme de la música en vivo y el descuido que por dedicarme a "Radio Tropical" le di a la tienda de discos (CMV) me fundieron, quedé, como se dice: "frenando en el hierro", cuenta Cuco y rememora: "Entonces apareció Brea Peña quien me dijo que iba a invertir para sacar la emisora a flote. Brea Peña y la dueña me engañaron, ellos hicieron un acuerdo, él compró la emisora y a mi, al "Pupi de Quisqueya" y al "Súper Suki Sabrosón" nos botaron pal carajo".

Cuco Valoy. Foto del archivo personal de Cuco Valoy.

Músicos de la época

"República Dominicana ha sido la cuna de grandes músicos. Cuco recuerda que "en la época de Rafael Leónidas Trujilllo, "El Jefe", se tocaba un tipo de merengue que a él, al dictador, le gustaba mucho. Rememora que cuando trabajaba en la casa de doña Julia, ella y su marido salían a pasear por las tardes. Cuco y alguna de las muchachas que trabajaban allí se tomaban un par de rones y usaban a escondidas la consola (tocadiscos) de la dueña de casa que tenía unos discos instrumentales que le gustaban mucho a Don Pedro. La compañera de trabajo y Cuco, dueños de la situación gozaban la música de Napoleón Sayas hasta minutos antes del regreso de los dueños de la casa. "Teníamos la hora tomada y bajo control, practicábamos aquello de que "cuando los gatos no están, los ratones hacen fiesta" Nosotros gozábamos pensando que Doña Julia debería estar regañando a Don Pedro mientras le disfrutábamos la casa. Lo de Sayas era el tipo de merengue que le gustaba a Trujillo. Si le hubiesen tocado un merengue en la forma que Johnny Ventura grabó *La Agarradera* hubiese metido preso a todo el mundo. Trujillo era: "A lo oscuro metí la mano..." –evoca Cuco: "habían grandes orquestas de merengue. La Orquesta Santa Cecilia, dirigida por el maestro Luis Alberti era una de las preferidas de "El Jefe". Luis Alberti era un tipo maravilloso, humilde y grande en la música, era un encanto hablar con él. En el merengue típico o el "Perico Ripiao" había un músico llamado o apodado "Guandulito", excelente acordeonero, un hombre que en sus merengues contaba historias del pueblo, un verdadero juglar. El "Perico ripiao" se toca con tambora, acordeón, güiro y marimba. Un merengue rápido, sabroso y con pocos instrumentos que se usaba mucho en el norte del país, allí tenemos grandes exponentes como Fefita "La Grande", el "Cieguito de Nagua", Tatico Henríquez y otros muchos más cuyos nombres se me escapan en este instante. El Trío Reynoso tocaba en la Voz Dominicana de Petán cuando yo era un niño, era un grupo profesional. Joseito Mateo es mi compadre. El decía "Yo soy el más viejo, por lo tanto el Rey del Merengue soy yo". Nosotros tuvimos un gran artista de fama internacional que cantó con "La Sonora Matancera" ese artista es Alberto Beltrán. Estos dos personajes Mateo y Beltrán son de una misma generación. Beltrán escribió y grabó con la "Sonora" *A mi me llaman el negrito del Batey.* y Joseito Mateo la grabó después. Yo le decía a Joseito: "El Rey del Merengue" es Alberto Beltrán, el fue el que popularizó *El Negrito del Batey*, eso se lo grabaron a Beltrán porque a él le grababan lo que pidiera en la "Sonora". Joseito Mateo se ponía como el diablo porque decía que él era el único "Rey del Marengue. Joseito Mateo era el cantante preferido de "El Jefe" y después en los 70 y 80 esa relación con "El Jefe" le impidió subir más alto pues mucha gente lo miraba como trujillista, decir lo contrario es negar la historia. Hay una anécdota importante de la época entre Joseito Mateo y "El Jefe". Cuentan que Joseito llegó tarde a un baile y "El Jefe" lo mandó a rapar de castigo y lo metió preso unos días. Eso de pelarse la cabeza no se usaba, fui yo quizá el primero que lo hizo entre los latinos imitando a Telly Savalas. Johnny Ventura aparece y rompe el hielo del merengue clásico con un disco que decía: "Vecina llegó el Cuabero, a coger su astilla huya!" además es un gran bailarín. Después graba *La Agarradera* el éxito más grande de Johnny Ventura. Había también en aquella época un grupo, el de Felix del Rosario que competía con Johnny. Felix del Rosario era el mejor intérprete del merengue con el saxo y por supuesto el grupo de Wilfrido Vargas, un músico académico, fabuloso. Johnny era el hombre que enloquecía a la gente con su show y sus bailes. Entre todos esos nos metemos nosotros "Los Virtuosos", rompimos la hegemonía y fuimos de los mejores. Después de esa época aparecen otros grupos merengueros buenos como son "Los Hermanos Rosario", ellos impusieron una forma particular de tocar merengue lo que modernizó la forma rítmica de interpretar merengue. Son muy cuidadosos en su trabajo, buenos cantantes y muy sencillos. Aparece el merengue romántico de Fernandito Villalona y la interpretación magistral de Sergio Vargas. Los fenómenos musicales del merengue están por allí".

Cuco se radica en los Estados Unidos en 1989 y continúa haciendo sus giras de salsa y merengue en todo el mundo.

Fernandito Villalona. Foto José Díaz

Traiciones y un país que se hunde

Cuco no es ajeno a la política, nunca lo ha sido ni nunca lo será, es enfático en decir: "No soy político porque no vivo de la política además no tengo la principal condición, no de todos pero de la gran mayoría de los políticos que es la deslealtad, deslealtad hacia todo lo que vaya contra su interés propio o el de su partido, deslealtad hacia los pobres, deslealtad hacia los desposeídos y deslealtad hacia los olvidados" –continúa Cuco: "pero sí me gusta la política y en su momento luché cuando hubo que hacerlo. En el tiempo que tocó lo hice y lo hice de verdad. Desde niño he tenido un sueño y es que el país tenga un nuevo día y eso no ha ocurrido y no quisiera partir de este mundo sin ver ese momento. Muchos presidentes han pasado desde el ajusticiamiento del tirano, dos de ellos, a mi manera de ver tuvieron la mejor intensión de hacer que el país y su gente se liberaran de tanto problema y echaran a rodar el vehículo del progreso pero esos dos presidentes fueron atracados en su buena fe. Me refiero concretamente al Profesor Juan Bosch que iba a ser excelente pero la triquiñuela y la barbaridad de algunos que hay cerca al palacio de gobierno le impidieron hacer su trabajo. Ahí en Palacio hay una jodienda que según parece habrá que meterle brujo. En los 80 grabé una canción que se llama "El fucú", en ella digo que al Palacio de Gobierno hay que hacerle un despojo porque lo que Trujillo dejó en la silla tiene un fucú. El que llega ahí simplemente se sienta y trabaja para los de su grupo. Recuerdo que había un programa de radio en el que Bonillita Aybar, un nombre que me molestaba y me daba rabia escuchar, azuzaba y envenenaba la gente contra Bosch, los dueños del país estaban dolidos y este no paraba, después fue premiado por los golpistas y el Presidente Joaquín Balaguer lo nombró diplomático en Venezuela, años después, mi amigo, el Presidente Leonel Fernández, del Partido de la Liberación Dominicana (PLD), formado por el profesor Juan Bosch, del que fue alumno, lo nombró embajador adscrito a la cancillería, cosas que no entiende nadie, así son las ironías de la vida. Bonillita acusaba al Profesor Juan Bosch de ser comunista, las noticias falsas siempre han existido. La vida no deja de sorprenderlo a uno, este Bonillita era hermano de Pedro Julián Bonilla Aybar uno de los héroes de la expedición del 14 de junio. Hablando de héroes y traidores no puedo dejar de mencionar al General Wesin y Wesin quien se encargó de hacer que la Fuerza Aérea Dominicana disparara desde el aire contra su propio pueblo, contra ancianos, mujeres y niños que estaban desarmados. Fue él quien solicitó la intervención de los Estados Unidos en la República Dominicana cuando en la Revolución del 65 se intentó restituir al Profesor Juan Bosch[1] en la presidencia de la nación.

Recuerdo que viendo volar bajito dos aviones bombardeando me arrodillé y le imploré a Dios que con su poder derribara uno de esos aviones. Nada pasó y el pobre siguió siendo castigado.

La planta eléctrica que dejó Trujillo para servir a tres millones de habitantes todavía existe y ahora somos más de 10 millones de dominicanos. En medio de grandes escándalos se ha hecho lo de Punta Catalina, no ha empezado y el presagio no es muy alagador, el mundo se aparta de los combustibles fósiles y la planta de Punta Catalina se abastecerá con carbón y para completar el cuadro dramático la tierra donde está ubicada es propiedad privada sin embargo abrigo la esperanza que resuelva de una vez

[1] Juan Emilio Bosch Gaviño (La Vega, 30 de junio de 1909 – Santo Domingo, 1 de noviembre de 2001), se le conocía como Juan Bosch, como el profesor o simplemente como Don Juan. Cuentista, ensayista, novelista, narrador, historiador, educador y político dominicano. Bosch fue electo presidente de la República Dominicana en 1962, cargo que ocupó desde 27 de febrero de 1963 al 25 de septiembre del mismo año cuando fue derrocado. Se le considera uno de los políticos más honestos de la democracia Dominicana, en las letras como uno de los mejores cuentistas de Latinoamérica.
Se opuso al régimen de Rafael Trujillo por más de 26 años. Fundador de dos de los principales partidos políticos dominicanos: el Partido Revolucionario Dominicano (PRD) en 1939 y el Partido de la Liberación Dominicana (PLD) en 1973. Enc libre y otros textos.

por todas lo del suministro de energía que en mi país es bastante malo e inestable. Es como si fuera una mafia que controla un producto que a propósito mantiene el desabastecimiento para que los usuarios le den las gracias al suplidor cuando esto debiera ser un derecho y un servicio que recibieran todos los hogares, empresas, negocios, escuelas y hospitales del país. Pero no es así. Y el agua, tampoco se suministra como debe ser. Los olvidados reciben un carro tanque que les ofrece unos pocos galones cuando se acuerda de aparecer por esos vecindarios que se han dejado, como se dice: a la buena de Dios. El elemento básico para el desarrollo industrial es la electricidad y no la tenemos, el elemento básico para la vida es el agua y tampoco la tenemos o sea que el desarrollo del país sin estos dos elementos está muy lejano.

Don Juan Bosch en los primeres meses de su gobierno mostraba que hacía lo necesario para que el país progresara. Se veían en la ciudad capital las zanjas inmensas donde se depositarían los tubos para el acueducto, trabajaba como lo había prometido. Miró hacia compañías europeas lo que no le gusto a los poderosos de entonces y al vecino grande del norte. Recuerdo que en época navideña mi hermano y yo salíamos a buscarnos unos pesos cantando, en esa época el tema popular era: "a la zarandela, a la zarandela", llegábamos a la casa de Don Juan Bosch, él vivía en una casa humilde, después de nosotros cantar y ellos escucharnos él le decía a su esposa: "Carmen, dale una taza de té a los jovenes", esa forma de Don Juan le molestaba mucho a los dueños de la República Dominicana. A ese que llevaba toda la intención de desarrollo de la República Dominicana no lo dejaban gobernar, estuvo en la presidencia siete meses bajo acoso constante. Había en el país impunidad y corrupción, los perversos estaban heridos y maltrechos y no aguantaron y le dieron el golpe a Don Juan que fue como darle una puñalada en el corazón al futuro del pueblo dominicano. La gran jerarquía acabó con quien quería sacar a la mayoría de los dominicanos del lodo. Ese para mí ha sido el mejor gobierno que hemos tenido. Luego el PRD se perfilaba como el partido de la oposición contra los gobiernos de Joaquín Balaguer. Ese partido después de un movimiento revolucionario que hubo en el país en el 65 llegó al poder en el 78. El gran líder, porque Juan dejó el PRD en 1973, era un hombre de color llamado José Francisco Peña Gómez[1]. Peña era el motor, ideólogo e impulsor de ese partido que logró ganar las elecciones que llevaron a Don Antonio Guzmán Fernández a la Presidencia de la República el 16 de agosto de 1978. Don Antonio, para mí hizo un gobierno con buenas intenciones, creo que tenía los pantalones bien puestos. Cuando le pusieron la banda presidencial, el país estaba controlado por unos militares que eran uno asesinos que no tenían comparación, él valientemente los destituyó a todos o casi todos, depuró las Fuerzas Armadas y la Policía Nacional que eran las organizaciones de represión creadas y mantenidas por Joaquín Balaguer. Insisto en que era un hombre con los pantalones en su lugar, en los primeros dos meses de su gobierno amnistió a los jovenes que eran presos políticos de Balaguer, cientos de ellos y además permitió que los exiliados pudieran regresar sin que los esperara la tortura, la cárcel o la muerte. Desafortunadamente Don Antonio se suicidó el domingo 4 de julio de 1982, dicen que por vergüenza porque cuentan que la corrupción que tanto combatió había llegado hasta un miembro querido de su familia. La prensa y específicamente el Dr. Peña Gómez contaron que el Presidente Guzmán fue traicionado por colaboradores muy cercanos. Su muerte fue un golpe muy duro para la gran mayoría de los dominicanos. Como todo en la República

[1] José Francisco Antonio Peña Gómez (6 de marzo de 1937 - 10 de mayo de 1998) fue líder del Partido Revolucionario Dominicano tras la renuncia de Juan Bosch en 1973. Candidato tres veces a la presidencia de la República Dominicana (1990, 1994, 1996). Fue Vicepresidente de la Internacional Socialista. Hablaba 7 idiomas. Enc libre y otros textos.

Dominicana: pasaron la página y su muerte quedó en el pasado.

Durante el gobierno de Don Antonio Guzmán Fernández, el Papa Juan Pablo II visitó el 25 de enero de 1979 a la República Dominicana, estuvo 24 horas, iba de paso hacia México, en el aeropuerto lo recibieron el presidente y el vice presidente con sus esposas. El Dr. José Francisco Peña Gómez no fue invitado. Finalmente él pudo saludar al Sumo Pontífice pero eso deja mucho que decir de mi país y sus dirigentes. El Dr. Peña Gómez permitió demasiados abusos contra su persona.

Lo que es muy triste recordar es el periodo que gobernó Joaquín Balaguer" asiente Cuco.

Cuco Valoy. Foto José Díaz.

El Profesor Juan Bosch

"Juan Bosch para mí" –dice Cuco– "debe estar con los angeles en el cielo, eso es para mí, para otros probablemente debe estar en el infierno. Pero el profesor Juan Bosch es el político dominicano que ha estado más cerca de lo que yo he aspirado para mi país y para mis hermanos dominicanos. El disco *Páginas gloriosas* cantó mi pueblo y fue un instrumento de unión durante esos días durísimos de la Revolución de 1965 en la República Dominicana. El (Juan Bosch) trató de resolver los problemas de la época que a decir verdad siguen siendo los mismos hoy en día".

24 de abril de 1965

El 24 de abril de 1965 fue, como todos sabemos, un día muy especial en la historia de la República Dominicana.

Cuco recuerda claramente que ese día: "por la tarde el Dr. José Francisco Peña Gómez, se dirigió a la nación por la radio, el país estaba confundido, muchas muertes, desorden y rumbo perdido. "Pueblo, tírate a la calle que llegó el día de tu liberación, la revolución ha llegado" fue algo así lo que el Dr. Peña Gómez dijo, no recuerdo con exactitud. Con cierto recelo yo siempre estuve vinculado al PRD, lo hacía por el Profesor Juan Bosch y por el Dr. José Francisco Peña Gómez. Mi hermano Néstor y yo eramos muy activos en el partido, eramos de los que participábamos en las manifestaciones, buenos tirando piedra. Mi hermano llegó a mi casa en su moto. El manejaba y yo iba de parrillero, colaborábamos con el movimiento. Estuvimos en Ciudad Nueva hasta por la noche. Había gente del General Wesin y Wesin reprimiendo la revolución. Allí en la Fortaleza Ozama según se cuenta torturaban y mataban gente cuyos cadáveres tiraban al Río Ozama. Regresé al lugar donde vivía, la señora me esperaba y debido a los sucesos y a la preocupación desarrolló una migraña que no la dejaba descansar ni un minuto. Decidí entonces ir a la farmacia de turno, una como a treinta y cinco o cuarenta minutos caminando desde la casa, yo sabía que la botica trabajaba las 24 horas, la farmacia estaba ubicada en la esquina de las calle Avenida Mella con Santomé, el mismo lugar donde me dieron las ocho de la mañana el 2 de noviembre de 1952, el día que llegué a la capital. Tomé la decisión de ir por alguna medicina, no quería que ella sufriera más, era un trayecto peligroso porque uno no sabía que se encontraría por el camino. Salí de la casa en la calle Juan de Morfa como a las 11 de la noche, militares te paraban en el camino. "Para dónde va usted?" "Voy a buscar una medicina para mi esposa. Llegué a la farmacia y cuando estoy tocando una patrulla de la policía, de esas que le decían "perrera" se detiene y me dicen que se suba a la patrulla la cual arrancó rumbo a La Fortaleza. Me perdí, pensé. Cuando llegaron me dirigí al teniente que nos recibió y le expliqué que no andaba en cuestión de líos, que estaba buscando una medicina para mi esposa. Inclusive le dije que si comprobaba que lo que le decía no eras cierto que me podía fusilar. El teniente que creo no era un hombre malo se quedó mirándome y me dijo: "Subase en la guagua", el mismo oficial me llevó a la farmacia. "Vaya compre su medicina", me dejaron y se fueron. Compré la medicina y regresé a mi casa".

Dr. José Francisco Peña Gómez

"Trujillo era dueño de todo en la República Dominicana, de la tierra y de los seres vivos, el que se oponía a él pagaba con la vida. Nosotros teníamos que referirnos a él diciendo: "Generalísimo Dr. Rafael Leónidas Trujillo Molina, padre y benefactor de la patria nueva" y para colmo de los colmos se inventaron una placa que se ponían en las entradas de las casas de todo el país en la que se leía: "En esta casa Trujillo es El Jefe", era una barbaridad, era un gesto asquerosos, humillante, eramos su propiedad.

Cuando gana el Partido Revolucionario Dominicano (PRD) yo era un seguidor a muerte del Dr. Peña Gómez, la gente creía que el y yo andábamos para arriba y para abajo, solo me reuní con el un par de veces", rememora Cuco y continúa: " Cuando estuvo enfermo en Nueva York y regresó lo fui a ver una vez en la casa de Johnny Ventura que nos invitó a una cena después del triunfo de Don Antonio Guzmán. Esa tarde le dije: "Dr. Peña Gómez. Ahora después de derramarse tanta sangre y de perder tanta gente, esperado la oportunidad de que el PRD ganara unas elecciones como lo hemos hecho le quiero hacer una pregunta. "Dígame Cuco", me contestó. Espero que el gobierno le de siquiera una tercera parte al pueblo de lo que se le ha prometido. "Eso lo sabe Ventura, ahora se le va a cumplir al país con todo lo que se le ha prometido", dijo. "Bueno, traten de hacerlo porque si no la juventud va a perder la esperanza". Ese partido era la esperanza. Creo que no me equivoqué. En este momento la juventud dominicana no cree en un solo político.

El Dr. Peña Gómez paralizaba el país cuando hablaba, creo que era sincero pero pienso que era un poco acomplejado, estimo que él no superaba eso de que dijeran que él era haitiano y otras cosas más que se hablaban de él.

Acompañó al Profesor Juan Bosch y ya sabemos que

al quedar de líder fue él quien logró con su respaldo que el PRD colocará su primer presidente en el país. Los dueños del país no lo querían y muchos de sus copartidarios lo excluyeron en varias ocasiones, el día que llegó el Papa Juan Pablo II a Santo Domingo le hicieron un monumento a la discriminación. Ese día oscuro para nuestra historia y la de la humanidad al Dr. Peña Gómez no lo invitaron a la cena con el Papa. El Dr. Peña Gómez se reunió con el pontífice después pero no es lo mismo, ya lo habían echado pal lado y él no protestó y eso me dolió.

Después llegaron Jacobo Majluta que subió a raíz del suicidio de Don Antonio Guzmán Fernández y Salvador Jorge Blanco que saqueó las arcas del 82 al 86. La ruta se perdió nuevamente. Cuando Jorge Blanco se posesionó me invitaron a Palacio, le dí un abrazo y hoy quisiera que eso no hubiera pasado porque él defraudó a la nación. Jorge Blanco fue acusado de abuso de confianza, estafa, robo y prevaricación, fue condenado a 20 años de cárcel que nunca cumplió, creo que pasó unos meses en la prisión, después con la complicidad de muchos le dio vueltas al asunto y finalmente en el gobierno de Hipólito Mejía fue absuelto. Así se pasó otra página de la historia de mi país y como dicen los militares: "hubo parte sin novedad".

No se cuál es la miel que tiene el poder, el que llega no quiere soltar, no quiere salir, quieren perpetuarse en vez de permitir que caras nuevas lleguen. Casi todos se aferran y se hacen dueños o se quieren hacer dueños, es la triste realidad. Muchos creen que el país es su finca", concluye Cuco.

Joaquín Balaguer

"Joaquín Balaguer[1] salió del país después de la muerte de Trujillo" –recuerda Cuco y añade– "de todas formas Balaguer regaló los bienes de Trujillo una vez ajusticiado el tirano, esto le valió que mucha gente lo quisiera. El sembró una descomposición social porque todo se movía en torno a Palacio. Según entendí a Balaguer no le gustaba el robo, a él le bastaba con el poder porque igual que el tirano se convertía en dueño, amo y señor. Permitió que muchos de sus allegados robaran y eso se fue metiendo profundamente entre la mayoría de los dirigentes políticos de mi país. Balaguer murió en una casa común y corriente, pensaba yo que era uno de los hombres más ricos del mundo pero la realidad fue otra. No tenía necesidad de robar, tenía el poder absoluto. Balaguer en el periodo conocido como el de "Los doce años", del 66 al 78 eliminó a todos los opositores, acabó con la juventud pensante, los mismos que en este momento deberían haber estado al frente del país, los fue cazando uno a uno. "Los doce años" fueron un infierno, infames. Se denunció que 366 personas fueron muertas o desaparecidas por causas políticas entre 1966 y 1968. En enero de 1971 con la designación del general Enrique Pérez y Pérez como jefe de la Policía Nacional y la creación de la famosa "Banda Colorá" se dio gusto eliminando a todo aquel que se le opusiera. Los archivos están para comprobar los asesinatos cometidos durante esos doce años de terror. Año a año caían dominicanos pensantes, entre ellos puedo recordar a: Radhamés García, Orlando Mazara, Amín Abel Hasbún,

[1] Joaquín Antonio Balaguer Ricardo (1 de septiembre de 1906 - 14 de julio de 2002), conocido como Joaquín Balaguer, escritor y político dominicano que gobernó la República Dominicana en los periodos 1960-1962, 1966-1978 y 1986-1996. Colaborador desde joven con el régimen del dictador Rafael Leonidas Trujillo Molina de quien heredó el secretismo y la sed de poder. Buscó por todos lados la forma de perpetuarse en el poder, para tal fin realizó toda clase de artimañas y trucos. Trabajó más de treinta años con el dictador, muchos se refieren a él como "el poder detrás del trono" pues era uno de los más cercanos de Trujillo, se dice inclusive que era él quien le escribí buena parte de los discursos al tirano. La relación de ellos dos fue siempre buena. Trujillo disfrutaba humillando e insultando a sus sirvientes, nunca trató mal a Balaguer en público y este fue cómplice de los excesos, los abusos y los crímenes del dictador pues nunca protestó por ellos, todo lo contrario, fue su ministro preferido. Enc libre y otros textos.

Amaury Germán Aristy, Francisco Alberto Caamaño Deñó, Florinda Soriano "Mamá Tingó" que luchaba por los derechos a la tierra de los campesinos y al periodista Orlando Martínez por nombrar algunos pero fueron muchísimos y cuento esto porque el pueblo dominicano no debe sufrir de amnesia y mantener presente estos sucesos para que no vuelvan a suceder. Cuentan que él tenía una forma particular de dar sus sentencias. Que le dijeron un día que Orlando Martínez seguía atacándolo en la tribuna y dizque dijo a manera de pregunta "Ese muchacho no me deja trabajar ¿Es que yo no tengo amigos?" con eso la sentencia estaba dada. Desaparecieron a Orlando Martínez. Después, amante del poder gobernó nuevamente de 1986 a 1996, su discurso cambió pero era el mismo hombre con las mismas mañas. Recordemos que "la mona aunque se vista de seda mona se queda". René Fortunato hizo dos películas sobre Balaguer que la juventud debe ver para que sepa la verdad de la historia de nuestro país. La primera película realizada por Fortunato en 1998 se llama: *Balaguer: La Herencia del Tirano*, en 2002 filmó: *Balaguer: La violencia del poder.* Para mi: Balaguer asesinó la esperanza", termina diciendo Cuco.

$64 y un veredicto judicial

Cuco recuerda que: "durante los "Doce años" de Balaguer se vivía con mucho miedo, uno no sabía en quién confiar, además de las Fuerzas Armadas, la Policía Nacional estaba la criminal "Banda Colorá" . Una noche, después de un ensayo, Martín mi hermano y yo caminábamos cerca de la casa de doña Julia Pau de Freites, iba escuchando en un radiecito de transistores un juego de pelota del Licey, el equipo que junto a los Yankees de Nueva York llena mis espectativas en la pelota. Cuando vamos llegando por la Avenida Bolivar al Parque Independencia nos salen dos personajes de civil en una motocicleta, se acercan rápidamente hacia nosotros y se paran. "Hey! Ustedes que buscan por aquí" Como somos negritos y esa era un área de los ricos nos cayeron. Yo que siempre he dicho lo que siento expresé: "Oh y esa pregunta!"

–Que qué buscan por aquí.

–Bueno como ciudadanos tenemos el derecho de caminar por donde nos de la gana, este es nuestro país.

–Usted es medio malcriado.

–Malcriado, no.

–Ha, y ese radio?

–Es mío, es mi radio.

Me miró de mala manera y me pidió el radio, no se lo dí y sacó un revólver y me apuntó. En el desespero del momento solo atiné a decirle: "nosotros somos "Los Ahijados", el otro se metió entre los dos. "Nosotros somos "Los Ahijados" nos salvó la vida a Martín y a mi en ese momento

–Sí pero son unos malcriados.

–Malcriados no, estoy hablando la verdad.

Entonces nos reportaron como que nos habíamos revelado contra la autoridad. Llamaron al cuartel de la policía, vino la jaula y nos llevaron al Palacio de la Policía por rebelión contra las autoridades. Yo nunca en mi vida había estado preso, entramos a la primera oficina donde recibían a los detenidos. "Quitense todo" —dijo el guardia. Entregamos todo, yo tenía $64 pesos, nos trancaron con presos de todas las calañas. Ellos sabían que nosotros no habíamos hecho nada malo. A las 8 de la mañana del día siguiente comenzaron a llevarse los detenidos a los juzgados. Cuando nos llamaron a Martín y a mí, después de pasar la noche nos subieron a una patrulla comenzaron a darnos vueltas por la ciudad, la cita para el juicio era en el Palacio de Justicia. Nos habían devuelto todo. Antesito de llegar, cuando faltaban más o menos cuatro o cinco esquinas me dijo el teniente que nos llevaba: "mire Valoy, usted tiene un caso aquí que es fuerte, tienen que saber como lo van a resolver porque esto está muy complicado"

–¿Y qué yo puedo hacer? –preguntó Cuco.

–¿Usted no puede pasarle algo a uno de los jueces? (El sabía y había visto los $64) Para que así ustedes puedan salir de esto.

–Bueno si es así yo lo que tengo son $64 pesos.

–Con eso quizá usted pueda salir de este lío, dijo el teniente".

Cuco sintió rabia pero no podía hacer nada. Se sentía ultrajado en lo profundo de su ser. Se notaba atropellado y estaba totalmente indefenso a merced del teniente. Aún contando la anécdota se le veía el disgusto. Cuco le entregó los $64 pesos al teniente, igual los volvieron a encerrar mientras el juez los llamaba como en efecto pasó después de 20 minutos.

–El señor Cuco Valoy y el señor Martín Valoy –dijo un oficial. Los sacaron y los llevaron frente al juez, el fiscal y un testigo que apareció de la nada.

–Descargados por insuficiencia de pruebas –dijo el juez.

Cuco sintió vergüenza ajena: "$64 pesos compraron al juez, al fiscal, al testigo, al teniente y al policía que acompañaba al teniente. La corrupción rondaba como un fantasma, sentí de todo, es lo que puedo recordar, me dio asco y casi que toqué el olor a la desesperanza, cuando apreté mi radiecito me di cuenta que habíamos perdido la brújula", asiente Cuco.

Espécimen de billetes de la época para propósitos de ilustración solamente. Foto José Díaz.

¿Por qué no fui a Cuba?

Mucha gente se pregunta si Cuco, siendo un exponente del Son Cubano, fue o no a Cuba, están las dudas, hay inclusive notas en diferentes portales de la red donde se afirma que vivió en la tierra de Martí. Que sea el propio Cuco quien lo explique.

"En la época de "Los Virtuosos" que es cuando yo crezco internacionalmente, el exilio cubano, muy fuerte en Miami, era uno de los grandes seguidores de mi agrupación. Por mi música y por lo que hicimos con "Los Ahijados" tocando puro Son Cubano yo quería ir a Cuba, tenía eso entre mis planes, quería tocar allá, quería ir a Santiago de Cuba. Un día me llegó una invitación para participar en un homenaje que le hacían a Toña la Negra en Varadero, Cuba. Por aquel entonces, un gran amigo mío presentaba el Show del Mediodía en la televisión dominicana, hablo de Yaqui Núñez del Risco, él me apodaba "mi hermano prieto", nosotros nos presentábamos casi todos los viernes para cerrar la semana y nunca dejaba de decir: "aquí, con nosotros, mi hermano prieto: Cuco Valoy", hicimos una gran amistad, así mismo con su esposa del momento la cantante Sonia Silvestre. Cuando ellos tenían problemas él me llamaba y yo le daba algunos consejos, nos hicimos grandes amigos, también yo le pedía recomendaciones y aquí una muy importante que me dio. Cuando me llegó la invitación para Varadero, lo visité y le conté del asunto. Me miró a los ojos y me dijo: "Cuco: el exilio cubano no te va a perdonar que tu vayas a tocar donde está Fidel Castro. No te conviene. No lo hagas". Le puse mucha atención a Yaqui, yo en esa época iba a tocar a Miami por lo menos cada dos meses. Llenábamos, allí se devolvía gente de la puerta. Siempre los lugares llenos. Por esa razón no fui a Cuba. Me ha quedado esa penita porque aunque tuve la dicha de tocar un concierto junto a lo que queda del Septeto Nacional en el Lehman Center for the Performing Arts en Nueva York y lo que toqué con "Los Compadres" en Santo Domingo. Me hubiese gustado tocar allá, en Cuba". Afirma Cuco.

Yaqui Nuñez del Risco. Foto José Díaz.

"Los virtuosos"

El mercado para el Son Cubano había bajado y las emisoras en la República Dominicana se turnaban entre los dos líderes del merengue de ese momento: Jhonny Ventura y Wilfrido Vargas.

–Yo voy a competir con ellos –le dijo Cuco a Martín.

–Y con qué va a competir?"

–Con lo mismo que competimos con "Los Compadres".

Cuco innovador decidió entonces tocar salsa y merengue.

"Nadie tocaba salsa en la República Dominicana antes que yo lo hiciera", afirma Cuco.

Cuco había estudiado y trajinado por la música cubana, tuvo grandes éxitos imitando a "Los Compadres" con "Los Ahijados" lo que lo llevó a la cima, ahora se metía en otro cuento, otro ritmo, más músicos, más instrumentos, más arreglos, miró nuevamente hacia la tierra de Martí y concluyó que con su talento y dejándose llevar por el ejemplo, la organización y el ritmo de la "Sonora Matancera" el camino, nuevamente hacia el éxito, era más cierto.

"No habrá otro grupo como "La Sonora Matancera", no importa a quién la gente escuche o quién haya sido el de moda. "La Sonora Matancera" como orquesta son palabras mayores. En el canto, lo de Benny Moré es punto aparte. Muchos seguían y copiaban. Ahí está el caso, aunque no me lo hayan dicho: Johnny Pacheco hace una gran imitación de "La Sonora Matancera" con el tumbao. Cuando él (Pacheco) le pone "Tumbao Añejo" a su grupo es una copia fiel de "La Sonora Matancera". "Los Virtuosos" debutaron en el lugar de la Feria de Truijllo "De la paz y la confraternidad del mundo libre" en donde funcionaba "Agua y Luz", un teatro grande al aire libre" –Recuerda Cuco y continúa: "En 1975 Johnny Ventura hizo un concierto y nos invitó a participar, nosotros teníamos los merengues que cualquier dominicano tocaba, cantaba con nosotros Raulín Rosendo. Quiero decir que Johnny Ventura es y será la estrella del merengue clásico dominicano. Digo yo que la mejor voz que tiene el merengue es la voz de Johnny Ventura. Había en aquel entonces una competencia con Wilfrido Vargas que también es extraordinario pero como la voz de Johnny, ninguna. Yo tenía a Henry García una vez se va Raulín Rosendo. Henry cantaba la letra depurada de Ramón Orlando, eramos verdaderamente maravillosos, a esa calidad sublime venía yo y le metía *El Brujo*, *El Muerto* y armábamos el baile, la fiesta, la comedia y la algarabía. Nosotros interpretábamos montuno a ritmo de salsa, nos hicimos dueños, nosotros eramos *El Brujo*, paralizábamos el país, eramos número uno, número uno, una y otra vez"

Portada de una de las carátulas de los discos de "Los Virtuosos". Foto del archivo personal de Cuco Valoy.

Los músicos de "Los Virtuosos"

"Por lo general los grupos que se van a formar y más en este tiempo ensayan poco", dice Cuco y añade: "nosotros definimos que lo más importante para "Los Virtuosos" era crear una base firme ya que interpretaríamos dos géneros: el merengue y la salsa. Nosotros íbamos a ser como en efecto fuimos el primer grupo dominicano en tocar salsa. Fue una sensación. Los grupos normalmente se dedican a un género; son merengueros o son salseros o cumbiamberos o lo que sea pero usualmente un género. Yo me metí en eso por no mencionar el bolero que estaba en total decadencia, sino también lo hubiera tocado, me encantaban los boleros de Lucho Gatica y como se sabe dominaba el Son Cubano.

Hubo una persona que fue determinante siendo un niño porque Ramón Orlando Valoy, mi hijo, tenía 16 años pero tenía una personalidad musical madura. Yo dirijo el ritmo, Ramón Orlando dirige los arreglos de la agrupación.

Otra persona influyente aunque tocaba de puro oído fue Martín mi hermano en el bajo, al principio de oído después con partitura pero lo hacía a la perfección. Martín tenía tumbao, es la pura verdad.

Entonces Ramón Orlando y Martín fueron vitales en desarrollar lo que, este caballo que cuenta esta historia, seleccionaba para hacer.

Las trompetas iniciales fueron "Fandet" y Papo Nuñez, dos buenos músicos a los que después se une Inmenio Chávez, tremendo músico y buen amigo que todavía me ayuda cuando hay que organizar una tocada en Nueva York. Los dos saxofonistas fueron José Rivera que no era ese músico estrella pero en el grupo rendía mucho ya que jugaba con el ritmo de la música, el otro era Angel González "El Flaco" que era un caballero, colaborador ciento por ciento. Marcos Valoy, hijo de Cuco, tocaba el trombón. El bongocero fue difícil de conseguir, en la República Dominicana, no era común conseguir uno para el tipo de grupo que formábamos, de todas formas Rafael Ramírez Palihondo estuvo a cargo, tremendo bongocero con un tumbao único, desafortunadamente el ron tomó cuenta de él. El conguero, nuestro buen amigo Richard Brador, a quien le enseñé. Richard reemplazó a un muchacho Modesto que duró muy poco con nosotros. A Richard que tocaba batería y que toca cualquier instrumento y que es buenísimo, le indiqué el tumbao que quería, lo aprendió rapidísimo y se hizo bueno de verdad. En el grupo pudimos tener la química del entendimiento. Los muchachos y todos nos tomamos mucho cariño, ellos sabían que mis intensiones para con ellos y el grupo fueron siempre buenas. Entonces lo que hice fue dejar las dos guitarras como en "los Ahijados" y el tumbao como en "Los Compadres". Logramos hacer la base técnica, por eso comenzamos bien, teníamos un gran director y no porque sea mi hijo pero ser dirigidos por Ramón Orlando Valoy es un lujo. Teníamos dos cantantes, uno llamado Kiko Lugo que cantaba de todo, que era tremendo tomador de trago, murió en Venezuela, el otro para los coros era Paco Arache, buen cantante, bueno para el bolero.

Finalmente quiero agregar que la Salsa es una mezcla del Son Montuno, Guaracha y Guaguancó. "Lo que tocaba "La Sonora Matancera", termina diciendo Cuco.

De izquierda a derecha Cuco Valoy, Richard Brador y José Díaz, autor de este libro. Foto cortesía de Danilza Velázquez.

Cuco Valoy y José Díaz. Foto cortesía de Danilza Velázquez.

Richard Brador

En todos los grupos en los que el ser humano interactúa siempre se desarrolla, por cuestión de química, de gustos similares, de compatibilidad, en fin, por muchísimas razones, una relación especial, tal es el caso de Cuco Valoy y Richard Brador.

"Richard y yo tuvimos una relación muy particular además de la música: nos hicimos tremendos bebedores de trago y muy mujeriegos, hubo una época en que no sabíamos si andábamos de parranda o si la parranda andaba con nosotros. Esas son instancias de la vida" –rememora Cuco– "nuestra amistad ha sido imperecedera, nos queremos realmente".

Richard por su parte dice que "Cuco es un hombre criado con los valores y principios de su padre que lo llevaron a ser un extraordinario ser humano. Cuco comenzó con la tambora y después siguió su superación en la música. Cuco a quien quiero muchísimo es el padre que no tuve pero el que pude elegir. Creo que no se le ha correspondido como merece, Cuco debe estar en un lugar especial de la sociedad"

Richard Brador (izquierda) y Cuco Valoy. Foto José Díaz

Mejorando el repertorio

Cuando Kiko Lugo salió de la agrupación fue reemplazado por Raulín Rosendo, quien a la sazón estaba en la orquesta de "El Chivo" uno que fue saxofonista de Rafael Solano. Raulín y Cuco grabaron juntos el merengue *Policía corre*, todavía no se había logrado el bombazo, se trabajaba, el repertorio crecía y llegó el momento de grabar *No me empuje* que no es otra cosa que la narración de un suceso que pasó en Lomas de Cabrera en República Dominicana, con unos estadounidenses que por aquel entonces trabajaban con los "Cuerpos de Paz".

Un buen día se armó un fuego, los guardias llegaron a socorrer pero este grupo no era ni preparado ni educado y los buenos modales no eran la mejor carta de presentación de los uniformados. Entre los que se disponían a ayudar a apagar el fuego había un afroamericano que estaba indeciso. Uno de los guardias lo ve y lo empuja para que vaya a ayudar. Los sucesos se reportan en el periódico y Cuco al leer la nota se da cuenta que hay material para escribir un merengue y escribe entonces la letra de *No me empuje*.

Hubo un negro americano
que un mal rato pasó
no quiso apagar un fuego
que un soldado le ordenó.

Miembro del Cuerpo de Paz
dicen que era un gringo bueno
y con toda su bondad
él se vio en un gran aprieto.

Mientra el gringo le reclamaba
el guardia no creía en cuentos
y le dijo al pobre gringo:
te voy a trancar por eso.

Más respeto a mi persona
decía el gringo enfurecido
mientras el guardia lo empujaba
camine, camine, digo.

¡Que no me empuje!
¡Camine!
¡Que no me empuje!
¡Camine!

¡Que no me empuje!
¡Camine!
¡Que no me empuje!
¡Camine!

Llamaré a mi embajador
pa´que llame a Gerald Ford
el cual es mi presidente
y arregle mi situación.

Cuando el guardia oyó las fraces
le dijo en tono burlón
no te guille tu de gringo
que eres un negro bembón.

Los gringos que yo conozco
tienen la piel colorá
olvídate de ese cuento
que a mí no me va a engañar.

Camina para el cuartel
camina sin protestar
que aquí tengo la macana
no te la quiero pegar.

¡Que no me empuje!

¡Camine!
¡Que no me empuje!
¡Camine!

¡Que no me empuje!
¡Camine!
¡Que no me empuje!
¡Camine!

Caminando hacia el cuartel
todo el camino empujado
el gringo dijo en inglés:
guardia usted está equivocado.

El guardia que era un recluta
un cibaeño apechao
iba con el gringo al trote
para dejarlo trancao.

Y ya de entrada al cuartel
el guardia dijo al teniente:
aquí le traigo un bembú
por ser un desobediente.

No quiso apagar el fuego
y tan feo como es
coge la llave recluta
y tráncalo de una vez.

¡Que no me empuje!
¡Camine!
¡Que no me empuje!
¡Camine!

¡Te voy a ensañai a respetai la guidia!

¡Que no me empuje!
¡Camine!
¡Que no me empuje!
¡Camine!

Con este merengue el grupo comienza a levantar porque a la gente le gustó mucho aquello de "Que no me empuje".

"Este merengue llevó a "Los Virtuosos" a Panamá", –recuerda Cuco y prosigue: "ver al grupo de nosotros era fantástico, la música y la comedia y esta fue toda por cuenta de cada uno de los integrantes, los muchachos me veían bailar y moverme y ellos por su cuenta hacían lo propio. Eramos un espectáculo.

Después Ramón Orlando escribió un son en el que mencionaba a Matamoros, eso me gustó mucho porque Ramón Orlando siempre desde niño me escuchó hablar de Matamoros, eso me llenó el alma. Grabamos también otro son que Raulín interpretaba magistralmente.

La gente se iba encariñando con el grupo y con lo de la salida a Panamá, la primera que hacíamos la popularidad mejoraba", asiente Cuco.

Raulín Rosendo. Foto José Díaz

Henry García

En el desarrollo del merengue en la República Dominicana no se puede negar que fue a partir del 1975 que hubo un crecimiento enorme de grupos, estaba de moda y había mucha demanda. Aparecieron gran cantidad de músicos, algunos académicos y otros tocando de oído, fue el momento de la anécdota del Profesor Juan Bosch que dijo un día que "El güirero no es músico" lo que armó tremenda revuelta. Wilfrido Vargas lo entrevistó a comienzos de los año 90 en su programa "Con Wilfrido" y aprovechando que estaba allí y en el aire le preguntó sobre el tema, el Profesor Juan Bosch, inteligente, preparado y conocedor le contestó: "El güirero no es músico porque no estudia música. Porque para tocar la güira no se toca sobre notas, sobre cualquiera de las siete notas que tiene el lenguaje musical ¿comprendes? Sin embargo, juega un papel, porque marca el ritmo. Lo mismo le pasa a la tambora, no habría música de ningún género, ni siquiera de la más alta, sino hubiera la tambora que marca el ritmo. Y lo mismo pasa con el güiro. Y lo mismo pasa con las maracas, porque las maracas son una trasformación del güiro", el Profesor terminó diciendo: "El papel de la güira es de mantener el ritmo, y si no fuera así el merengue no sería lo que es".[1]

"En el momento de la gran demanda por músicos Raulín Rosendo se va de "Los Virtuosos", recuerda Cuco y añade: "era costumbre que los cazadores de talento se "robaban" los músicos de los grupos establecidos. Había un señor llamado Cholo Brenner que sabía mucho del negocio, de la formación de grupos y de llevarse músicos de un grupo a otro. Raulín era muy bueno cantando merengue y salsa, estaba haciendo su trabajo. Cholo Brener y Wilfrido Vargas quisieron formar un grupo fuerte llamado "Los hijos del Rey", tenían a Fernando Villalona que no había formado grupo todavía pero tenía mucha popularidad en el país, por la izquierda ellos pusieron la mira en

[1] La cita del profesor Juan Bosch apareció en "El Diario Libre" de Santo Domingo el 9 de septiembre de 2016

Raulín para combinarlo con Fernando. Efectivamente le llenaron la cabeza a Raulín y arrancó para allá. Me dio mucho coraje porque ya había pasado con Elias un timbalero que Wilfrido se me había llevado y por lo cual le escribí el son *No te descuides.* En esa época había un en Santo Domingo un cabaret llamado "Casa Borinquen", era muy importante porque la mayoría de los turistas que llegaban a la República Dominicana pasaban por allí, caso contrario era como si no hubieran visitado el país. ¨Casa Borinquen¨ era una casa de citas donde la prostitución se hacía libremente. Los lunes allí se presentaban orquestas, usualmente dos y la que recibía más aplausos y formaba más algarabía regresaba el lunes siguiente. Nosotros, "Los Virtuosos" éramos imbatibles allí, el turismo de Curazao a Santo Domingo estaba muy presente en ese lugar. Raulín ya no estaba y yo buscaba desesperado un cantante. Un lunes apareció un joven que subió ha hacer un coro con nosotros, los soneros en Santo Domingo eran muy pocos, tocábamos *Sonero de ayer*, la voz de ese muchacho me sorprendió. El muchacho terminó, se bajó de la tarima y se fue. Yo muy atento seguí al joven con la mirada, después lo busqué y no estaba pero a mi lado permanecía Richard Brador que como guarachero y amigo de la noche sabía todo lo que se movía, él me dijo: "Yo conozco a ese muchacho".

–Tu lo conoces?

–Sí, contestó Richard.

–Quién esa persona?

–Ese muchacho es un cantante muy bueno.

–Si me di cuenta cuando cantó.

–El trabaja en "La Barrica" allí canta con Julito Deschamps, se llama Henry García.

–Podemos ir el lunes después de tocar.

–Sí, vamos, yo te acompaño.

El lunes siguiente, después de tocar en "Casa Borinquen" me fui solo en busca de Henry. Julito Deschamps era un tremendo bolerista, cantaba una canción y se pegaba dos tragos. Era muy querido por la gente en el país, es otra historia de esas en que el alcohol liquida al artista. Cundo llegué Henry me saludó.

–Hola Cuco y qué haces por aquí?

–Vine a hablar contigo.

–Conmigo?

–Sí.

Le dije que necesitaba un cantante en la orquesta y que su voz me había gustado mucho. Que estaba allí para ver si le interesaba unirse a mi grupo. Henry que siempre ha sido un hombre serio, responsable y disciplinado me dijo: "Pero de esto es que yo mantengo a mi mamá y a mi familia".

– Cuánto tu ganas?

– Me dijo que ganaba $125 por noche.

– Henry, ven acá, yo te estoy hablando de un grupo que ya tiene trayectoria en el país. Tu debes de pensarlo porque eres joven y necesitas el desarrollo en el plano nacional e internacional, piénselo bien y me avisas.

"Le dí el número de mi teléfono y como a los dos días me llamó y me dijo que estaba dispuesto a ir a la agrupación a ensayar. Lo cité para un miércoles, el fue y se quedó con nosotros. Fue el cantor que le gustó a todo el grupo. Ramón Orlando y él hicieron tremenda yunta. Música más elaborada que la mía que es mucho más popular, mucho más cuconeo. Henry se queda y se acabaron los problemas del grupo. Tenemos una voz hermosa que interpreta salsa y merengue. Henry era muy serio, se movía pero no como lo hacíamos los demás que era una cuestión a discreción. Henry era, vamos a decir: la etiqueta de gala del grupo. Pegó muchísimos temas. Es un hombre calmado, ordenado, nada de vicios, nada de eso, un personaje extraordinario.

Los grupos siguieron pasando por "Casa Borinquen" y todos seguían su rumbo porque nosotros eramos los dueños de la situación. Los fanáticos nuestros no eran menos de 150 cada lunes así que para los otros grupos era muy difícil la situación, jugábamos de locales. El único grupo que nunca fue y que hubiese podido sacarnos porque era muy bueno de verdad era el de Johnny Ventura. Nosotros duramos allí casi cinco meses. De los famosos y fuertes que pasaron por "Casa Borínquen" está el de Wilfrido Vargas que salió frustrado porque nosotros con "La Tribu" eramos los dueños del balón. De allí nos fuimos con "El Gordito de Oro" para Curazao", recuerda Cuco.

Henry García y Cuco Valoy. Foto archivo personal de Cuco Valoy.

El brujo

El Brujo es la canción que sacude la mata y el grupo toma el primer lugar en la música popular del merengue.

"Los Virtuosos" estaban dando duro con *No me empuje*, por ahí por el año 78 graban *El Brujo* y ahí se dispara la popularidad de la orquesta al espacio sideral.

Cuco tenía una compañera cuya madre, Natividad Reynoso, practicaba la santería a través de la cual ella tranquilizaba o amarraba los hombres falderos para que no le fallaran a sus esposas, mujeres, amantes y concubinas, los asentaba en sus casas, promovía además los asensos de militares que la requerían para tal propósito y protegía a quienes la buscaban conforme a la creencia popular del momento, según cuenta Cuco.

"Natividad mi suegra y yo teníamos muy buenas relaciones" –recuerda Cuco y continúa– "Ella no era propiamente bruja, era santera, tiraba la baraja, daba baños, preparaba tomas, prendía velas. A mí siempre me había llamado la atención lo que hacía y me gustaba la forma en que ella lo realizaba. Ella tenía su altar y yo tenía un agujero por donde veía todo el proceso o el show que ella formaba con sus clientes. Las mujeres llegaban y le contaban que sus maridos tenían otras faldas y yo metía el ojito para mirar y gozar con ese asunto. Muchas iban dizque con un dolor de cabeza que según se decía era ocasionado por unos polvitos que dejaban por las noches en la puerta de las casas y que las dueñas de las mismas pisaban al abrir la puerta por la mañana lo cual les causaba el dolor o el malestar y Natividad para buscarse sus pesitos y su vaina porque yo ceo que era lo único que realmente hacía, se encerraba con las clientas. Yo mirando. Ella se daba unos tragos de ron muy largos y hacía muchas musarañas. Cogía y se ponía un pañuelo rojo y tomaba la clienta por los brazos y Hummm y les daba una vuelta y a veces caían en los brazos de ella y Humm y yo mirando y gozándome todo aquello. Era una chulería. Yo me maravillaba con eso, gozaba. Le tenía mucho respeto a ella aunque a veces relajábamos sobre el asunto. Tengo que hacer un tema sobre este trance, me dije".

Comienzo a escribir *El Brujo* donde cuento una de las vivencias de Natividad con una clienta. Lo reviso y me doy cuenta que le falta algo que impacte de verdad y es cuando encuentro y decido colocar lo que se convierte en la parte más popular de la canción: "Lo pongo pa´rriba, Humm.., lo pongo pa'bajo, Humm.., lo pongo de lao, Humm.., lo dejo amarrao, Humm..., Con el hijo e' leloa, Humm, te lo saco de ahí, Humm ". Grabamos, salió el disco y en menos de dos semanas tenía por lo menos un baile por día. Ese merengue estuvo cinco meses ocupando el primer lugar en todas las emisoras del país que era lo que se escuchaba y donde se promovía la música del momento. El canal de televisión al que íbamos tenía un programa que era "El Show del mediodía" que en ese momento manejaba el señor Yaqui Nuñez del Risco, y que era en ese tiempo el más popular del país, los viernes para terminar la semana, nosotros cerrábamos el programa después que Yaqui Nuñez del Risco nos presentara diciendo "Y ahora el gran final con "La Tribu" de mi hermano prieto Cuco Valoy". Frase que se popularizó en la República Dominicana.

Ver nuestra presentación de *El Brujo* era un acontecimiento. Montamos un show en el que Richard Brador que tocaba la tambora y que tiene una voz del tamaño de un camión hacia la parte del bajo, la risa y esa voz salida de ultratumba que todo el que asistía a una presentación en vivo se paraba a ver el fabuloso show que montábamos, que nos indentificaba donde quiera que nos presentáramos. Era extraordinario. La gente lo gozaba, lo esperaba.

Pienso que fue la época más grande de nuestra música que es el merengue y me alegro de haber sido parte de ella. Ojalá que volviera.

El Brujo es un merengue que cruzó las fronteras y por ejemplo en Venezuela, Billo Frómeta con "Los Billo´s Caracas Boys" hizo una versión que se utilizó para animar la campaña presidencial de 1978 entre Luis Herrera Campins y Luis Piñerúa Ordaz.

En 1979 salimos para Colombia, no sabía qué estaba pasando con la música mía en ese hermoso país al que quiero como si hubiera nacido en él. Habíamos estado en Panamá pegados con *No me empuje* fue allí en Ciudad de Panamá durante una presentación donde un empresario dijo: "Pero realmente lo que esa gente parece en el escenario es una tribu africana". Ese comentario me gustó y comenzamos el proceso de nombrar a la orquesta "La Tribu" que era muy arriesgado porque ya "Los Virtuosos¨ tenían un nombre en todo el mundo pero en la vida siempre hay causa y efecto. Mateo San Martín dueño de Kubaney Records para quien grabábamos había registrado por cuenta propia y sin autorización mía el nombre de "Los Virtuosos" en los Estados Unidos. La gente siguió a la orquesta con los dos nombres: "La Tribu" y "Los Virtuosos". Yo me alegré porque en la República Dominicana el nombre "La Tribu" era más fuerte que "Los Virtuosos".

Llegamos a Colombia, aterrizamos en Cali, "la Sucursal de Cielo", no sabía mucho de allá aunque en la República Dominicana, Colombia era conocida por su música, especialmente la cumbia y por lo que son: un país de gente maravillosa e inteligente. La agradable sorpresa fue en aumento cuando vimos que el aeropuerto estaba lleno de seguidores nuestros. A la salida del aeropuerto se me acercó un fanático que me dijo: "¿Usted es Cuco Valoy?" "Para servirle" –le dije. "Usted es un verraco, hijueputa!". Me quedé sorprendido por unos segundos, porque en mi país al que le dicen "hijueputa" y no pelea es un cobarde pero el cerebro me dijo esto debe ser algo que aquí se usa, no sabía que contestar, se me ocurrió darle las gracias. Después me explicaron que en Colombia usar el "hijueputa" tiene muchísimas connotaciones, desde las más malas hasta las mejores. El que me había dicho "Verraco, hijueputa" me había alabado, el hombre quiso decir que yo era bueno de verdad en lo que hacía. Me había mostrado su cariño. El empresario que nos había contratado era Larry Landa, nos llevó al hotel. A las 7 de la mañana sonó el teléfono. Me llamó Miguel Angel Alvarez de RCN para hacerme una entrevista de 5 minutos que se extendió por más de cuarenta y cinco minutos. En esos días también hable con el comentarista Ley Martin quien nos apoyó muchísimo. El pueblo se alborotó. Teníamos dos conciertos programados en el Gimnasio Evangelista Mora en Cali, pero nuestro debut se realizó en la ciudad de Buenaventura donde comenzamos con *Juliana* frente a más de 20 mil personas, continuamos con *Se fue Daniel.* Le dije a Ramón que tocáramos el merengue *La maldita cola* y no tuvo buena recepción. Cuando lo tocamos nos sorprendimos pues una vez terminado el merengue la gente dio un aplauso frío y guardaron los pañuelos blancos que estaban agitando. Me pregunté: ¿Qué pasó aquí? No estaban acostumbrados al merengue, lo más cercano que escuchaban era lo de Billo Frómeta que era en realidad un merengue muy pausado. Tocamos entonces cinco montunos y le dije a Ramón vámonos con *El Brujo*, pasó lo mismo, la gente no lo entendió, no lo gozó, después me enteré que lo de la brujería y la santería no era muy popular en Colombia. Seguimos con *Son Montuno* y el espectáculo levantó y el público recibió lo que estaba esperando con doce temas pegados en ese momento.

Los conciertos en el Gimnasio Evangelista Mora fueron todo un éxito, la gente identificaba los números desde su comienzo, desde que sonaran los cueros y las trompetas. La euforia causada por "La Tribu" no solo llenaba a capacidad las graderías del Gimnasio Evangelista Mora sino que los alrededores del coliseo estaban repletos de gente al igual que el centro "Las Vallas" y sus contorno en el norte de la ciudad de Cali donde tocamos dos conciertos. Fue tan hermosa, alegre y colorida la respuesta de los caleños que a pesar de los años pasados todavía recuerdo con gran cariño y emoción la gente y las hermosas mujeres que gozaron nuestro ritmo.

En Colombia la lista de nuestros éxitos incluía: *Juliana, Amor para mí, Se fue Daniel, A gozar contigo, El gordito de oro, No hay que preguntarlo, Mentirosa, Nació Varón, Corazón de Acero, Mendigo de amor, Sonero de ayer*, el *Popurrí de salsa* y otros más.

El promotor Larry Landa había hecho un acuerdo en Barranquilla con el mejor de los empresarios que he conocido: Rafael "El Capi" Bisbal. Después de triunfar en Cali salimos para "Curramba La Bella".

El brujo
Letra y música: Cuco Valoy

Doña Pulula una tarde
fue a leerse una baraja,
donde un brujo muy famoso
allá en el pueblo de Haina,
al llegar Doña Pulula
llorando al brujo le dijo,
¡Ayúdeme por piedad!
Ayúdeme se lo pido,
Se trata de mi marido
que creo que se me está yendo,
y yo quisiera que huyendo
usted me prepare algo,
anoche llego a las once,
lo abrase y no me hizo caso,
dígame señor leloa,
si me lo están conquistando,
se durmió como un lirón,
y aunque usted nunca lo crea,
en mi desesperación
tuve que darle un jalón,
y aunque lo hice muy fuerte
siguió tranquilo durmiendo,
¡Ay mi Dios si lo perdiera!
me voy a morir de pena,
Para empezar la consulta,
corta la baraja así,
por ti, por tu casa, por lo que espera
fuera Satanás,
yo digo lo que veo
Señora él tiene otra
que le está prendiendo velas,
para que la olvide a usted,
y la quiera mucho a ella,

pero ya no se preocupe,
voy a hacerle una receta,
para que le haga un trabajo
y verá como se aquieta,
coja un rabo de tabaco
que haya votado un borracho,
un poco de nuez moscada
y media tercia de ron,
un rabo de gato prieto,
y liga ese batimento,
con su nombre y su apellido
entiérrelo en un rincón,
y cuando él vaya salir
muévalo con un palito,
y vera como regresa
manso como un corderito.

Porque yo!!!! hmmmmmm!
se lo tranqulizo
aunque venga del más allá

lo pongo pa' arriba,
lo pongo pa' abajo,
lo pongo de lao,
lo dejo amarrao,
cabeza pa' arriba,
cabeza pa' abajo,
lo pongo de lao,
lo dejo enredao,
con el hijo e' leloa,
se lo saco de ahí, hmm
con el hijo e' leloa,
se lo saco de ahí, hmm
con el hijo e' leloa,
se lo saco de ahí, hmm

Y ahora Candelo
quiere que le canten babalu
(risa siniestra)
babalu, babalu pa' papa Candelo
babalu ai ye ye ye,
papa con un muerto encima
babalu ai yeyeye,
(oración intendible)
pero yo con babalu,
babalu ai ye ye ye,
saco ese muerto de ahí,
babalu ai ye ye ye,
los baños martes y viernes,
babalu ai ye ye ye,
una novena al final,
babalu ai ye ye ye,
de cada mes mi señora,
babalu ai ye ye ye
yo se lo voy a curar,
babalu ai ye ye ye
un poco de aceite el mono,
babalu ai ye ye ye
para tenerlo a su antojo,
babalu ai ye ye ye

ahí babalu vallando,
babalu ai ye ye ye
ahi babalu vallando,
babalu ai ye ye ye
ahi babalu vallando,
babalu ai ye ye ye

(risa siniestra)
yo voy arregla a ese mujeriego
ahora mismo' tu va' ve

lo pongo pa' arriba,
lo pongo pa' abajo,
lo pongo de lao,
lo dejo amarrao,
lo pongo pa' arriba,
lo pongo pa' abajo,
lo pongo de lao,
lo dejo enrredao
con el hijo e' leloa,
se lo saco de ahí hmm
con el hijo e' leloa,
se lo saco de ahí hmm
con el hijo e' leloa,
se lo saco de ahí hmm

babalu ai ye ye ye

Partitura para trompeta de "El brujo". Música y letra de Cuco Valoy. Página 1

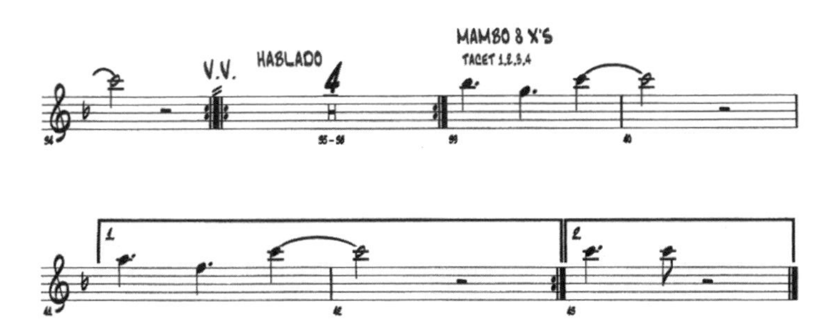

Partitura para trompeta de "El brujo". Música y letra de Cuco Valoy. Página 2

Cubierta del disco de Cuco Valoy "El Brujo". Foto del archivo personal de Cuco Valoy.

José Díaz y Cuco Valoy. Foto cortesía de Danilza Velázquez.

Juliana

El grupo había grabado en el estudio "Fabiola" en Santo Domingo, el material en el que Cuco cantaba para un Larga Duración o un *Long Play* que se terminaría en La Gran Manzana. Lo que quedaba pendiente de hacer era la parte en la que Henry García cantaba. Mateo San Martín, el dueño del sello Kubaney hizo los arreglos para usar el estudio "Latin Sound" en Manhattan. Este era el mejor estudio del momento y en él grababan las figuras sobresalientes y los mejores grupos. Una vez llegaron al estudio, Cuco se deslumbró y se dijo que a pesar del poco tiempo que tendrían en la ciudad, él quería y tenía que grabar allí. El ingeniero de sonido era Jon Fausty, alguien que Cuco admira mucho y que coincidencialmente, porque la vida tiene esas cosas, recibió un Grammy el mismo día que lo hizo Cuco, el 15 de noviembre de 2017, en el Hotel "Four Seasons" en Las Vegas, Nevada. Se encontraron después de 25 años.

Cuco, admirado de ver cómo se grababa en el estudio Latin Sound, buscó y buscó en su memoria algo que le pudiera servir de tema para grabar en ese estudio, su cabeza daba vueltas entre qué hacer y el estudio organizado que había visto por primera vez donde las cosas operaban y sonaban diferente.

Cuco llegó al hotel, le dijo a su esposa de entonces que estaba triste porque se iba a grabar en el mejor estudio del mundo y él no tenía nada para grabar. Tenía celos de no contar con un tema para grabar, pensativo y buscando en todos los rincones de su memoria, sin ningún trazo en ella y como cayendo del cielo le llegó el nombre Juliana. Cuco nunca había escuchado ese nombre pero no había olvidado los sucesos de su primer desamor y comenzó a hilar cuando a su mente llegó el coro: "Juliana que mala eres, que mala eres Juliana".

"Uno de los músicos de la agrupación tenía una seguidora locamente enamorada de él que pensaba que ese músico solo tenía ojos para ella pero como es sabido los musicos en su buen tiempo y en plena juventud somos todos picaflor y seguidores de cuanta falda se mueve" recuerda Cuco.

Cuco camina imaginariamente en un almacén donde venden artículos para bodas. Se detiene, aparece Juliana en medio de los trajes de boda, los regalos, la sonrisa lejana, los viajes, los recuerdos, Nueva York y los sentimientos y con todo estos en su mente Cuco regresa al hotel.

En el cuarto del hotel continúa Cuco dándole cabeza al proyecto y en una grabadorita portátil que siempre llevaba consigo está grabado el coro: "Juliana que mala eres, que mala eres Juliana". Sigue Cuco enlazando la historia y al día siguiente al llegar al estudio y encontrarse con Ramón Orlando le dice: "Ramón, yo no me voy a ir de aquí sin grabar. Anoche me inventé algo". "Está bien, déjela ahí para cuando terminemos con Henry" fue la respuesta de Ramón Orlando. Una vez terminado el trabajo y la grabación con Henry García le dice Ramón Orlando a Cuco: "Papá, ¿qué es lo que usted quiere hacer?" Cuco le expresa a Ramón Orlando que le va a tararear un coro y que debe hacer de cuenta que está oyendo a "Los Ahijados" con sus guitarras. "Le quitas las guitarras y metes la orquesta, para que hagas un montuno sabroso". Cuco tararea el coro: "Juliana que mala eres, que mala eres Juliana". "Ok" dice Ramón Orlando, el grupo se junta y comanda: "Richard coja la conga, Tío Martin tome el bajo, Henry agarre el güiro, Papá tome las maracas, Palihondo coja el bongó". Ramón Orlando va al piano, 1,2,3 y 4 y arranca y en efecto en cuestión de segundos la base está elaborada. Mira Ramón Orlando al papá y le dice: "Esto es lo que usted quiere verdad?" "Verdad" contesta Cuco mientras repite que su hijo es grande entre los grandes. Cuco advierte que "se hizo la base que no tiene nada en especial, solo el ritmo de "Los Ahijados". Con el grupo se tocó la base y Ramón Orlando escribió la partitura de las trompetas, metimos dos saxofones y así se montó Juliana, pero lo más lindo de la historia es que cuando yo estoy cantando entra al estudio la secretaria de Raúl Alarcón, el dueño del estudio y de gran cantidad de emisoras en español en los Estados Unidos, se detiene frente a mi y me dice: "Señor Valoy: Que canción más linda está grabando".

– Le gustá? –preguntó Cuco.

– Eso va a ser un éxito.

– Que su boca sea una bendición.

"Terminamos de grabar la canción. Juliana era el relleno de todo lo que se había grabado. Esa canción que hice ilusionado por grabar en ese estudio, a través del tiempo, afirman muchos expertos y melómanos, está entre las cien canciones más importantes del género.

Juliana sonó y se convirtió inmediatamente en un éxito mundial. La canción es una linda historia de principio a fin: emigración, amor, desamor, traición, olvido, desarraigo, promesa incumplida, engaño y perdón", afirma Cuco mientras vuela en su pensamiento al lugar donde sufrió el primer desamor.

Juliana
Letra y música: Cuco Valoy

Juliana
tu mensaje
te escribo esta carta Juliana
para que sepas de mi.

Y sepas como me encuentro
solo por quererte a ti
al escribir te recuerdo
las palabras de mama.

Pero como te quería
nunca la quise escuchar
que no confiara en ti
que tu amor no era sincero.

Y por ti mi pobre vieja
se murió de sufrimiento
no era nadie al conocerte
te di nombre y apellido.

Belleza que no tenia
me sacrifique por ti
porque por ti estaba ciego
y mira como me pagas.

Juliana que mala eres
que mala eres Juliana.

Juliana que mala eres
que mala eres Juliana
Juliana que mala eres
que mala eres Juliana.

Ahora comprendo que fui
un hijo desobediente
que mama tenia razón
pero yo era un inocente.

A los 17 años
cuando una pasión crecía
aunque hoy me pase a mi
esto le pasa a cualquiera.

Creo que no soy el primero
que una mujer engaño
te fuiste pa' Nueva York
con tu visa de paseo.

Pero pasaron los días
semanas
meses
y años.

Y yo aquí en Santodomingo
y el a tu amor esperando
hasta ayer que me contaron
que con otro te has casado.

Juliana que mala eres
que mala eres Juliana
Juliana que mala eres
que mala eres Juliana.

Juliana
me has engañado
ay Juliana
me has traicionado.

Juliana

no te maldigo
ay Juliana
que seas feliz.

Juliana
que no le pagues a otro
ay Juliana
igual que a mi.

Juliana
quien lo diría
ay Juliana
quien lo creería.

Juliana
que mala eres
ay Juliana
ay Julianita.

Juliana
que mala eres
ay Juliana
no te maldigo, no.

Partitura de "Juliana" para saxofón alto. Música y letra de Cuco Valoy.

Cuco Valoy. Foto del archivo personal de Cuco Valoy.

Nació Varón

Cuenta Cuco que: "Ramón Orlando, enamorado como todos los musicos del grupo era a pesar de su juventud muy serio y conservador en sus relaciones". Cuco tenía dos hijos en la agrupación, Ramón Orlando que tocaba el piano, que hacía los arreglos y dirigía y Marcos Valoy el trombonista. Ramón Orlando cuenta un día en su casa que está enamorado y la mamá y Cuco sienten celos pues querían llevar bajo el ala al hijo hasta lo mejor que académicamente la música pudiera brindarle. Así son las cosas de la vida. Cuco que de todas formas tenía fama de enamorado y mujeriego reclamaba el celibato de su hijo mayor. "Si Ramón Orlando hubiera seguido, vamos a decir, en la música clásica, hubiera sido uno de los mejores concertistas del mundo, el talento de él y la disciplina son inigualables", afirma Cuco y llamando los recuerdos prosigue: "Pensábamos que Ramón Orlando era muy joven para tener novia, ellos siguieron y ella salió en estado. La relación, en este caso, no era la mejor entre padres e hijo pero cuando supimos que íbamos a ser abuelos la reconciliación no se hizo esperar". En esa época no se sabía sino hasta el momento de dar a luz si se había tenido un niño o una niña. Cuenta Cuco que Ramón Orlando, quizá en un acto de machismo o de tradición varonil quería y esperaba un niño y se puso en la tarea de hacerle una canción y compuso *Nació Varón*, la letra y música son de él.

La incluimos aquí en el libro porque es uno de los principales temas de la agrupación "Los Virtuosos" o "La Tribu" y como dice Cuco "Lo que es mío es de Ramón Orlando y lo que es de él, es mío, además estábamos seguros que por su letra sería un éxito como es".

Llegó el día del parto y nació Micharén una niña. La canción *Nació Varón* ya estaba grabada. La canción cruzó fronteras y cada que nace un niño la gente la pone, la goza y la celebra. Ramón Orlando le compuso una canción a Micharén.

Nació varón
Letra y música: Ramón Orlando Valoy

Señores llegó la hora, mi mujer está de parto
llevan casi media hora y el doctor no sale del cuarto

lalalalalalala
es el día más esperado
yo que tanto había anhelado
al fin Dios me lo ha otorgado

señores salió el doctor
viene un poco sudoroso
su hijo nació varón
señor, es grandote y muy hermoso

que Dios le alumbre el camino en su largo caminar
y que guíe su destino por la luz de la verdad

nació varón
nació varón
su hijo es un niño hermoso y grandote
señores nació varón

nació varón señores nació varón
que contento yo me siento es muy grande la emoción
nació varón señores nació varón
con mi cantar lo demuestro mi hijo nació varón
nació varón señores nació varón
hoy yo puedo disfrutar del fruto de nuestro amor
nació varón señores nació varón

nació varón señores nació varón
es muy grande y muy hermoso que el señor me lo bendiga
nació varón señores nació varón

también bendiga a su madre por la lucha despedida
nació varón señores nació varón
y su gran dedicación para traerlo a la vida
nació varón señores nació varón

nació varón señores nació varón
que trabajar para educarle dedicarle mi atención
nació varón señores nació varón
que crezca con la mente sana y cantando esta canción
nació varón señores nació varón
hay mi escuelita mi escuelita yo la quiero con amor que con amor
nació varón señores nació varón
ayy soy el hombre más feliz mi hijo nació varón
nació varón señores nació varón.

Partitura para piano de "Nació Varón". Música y letra de Ramón Orlando Valoy. Página 1

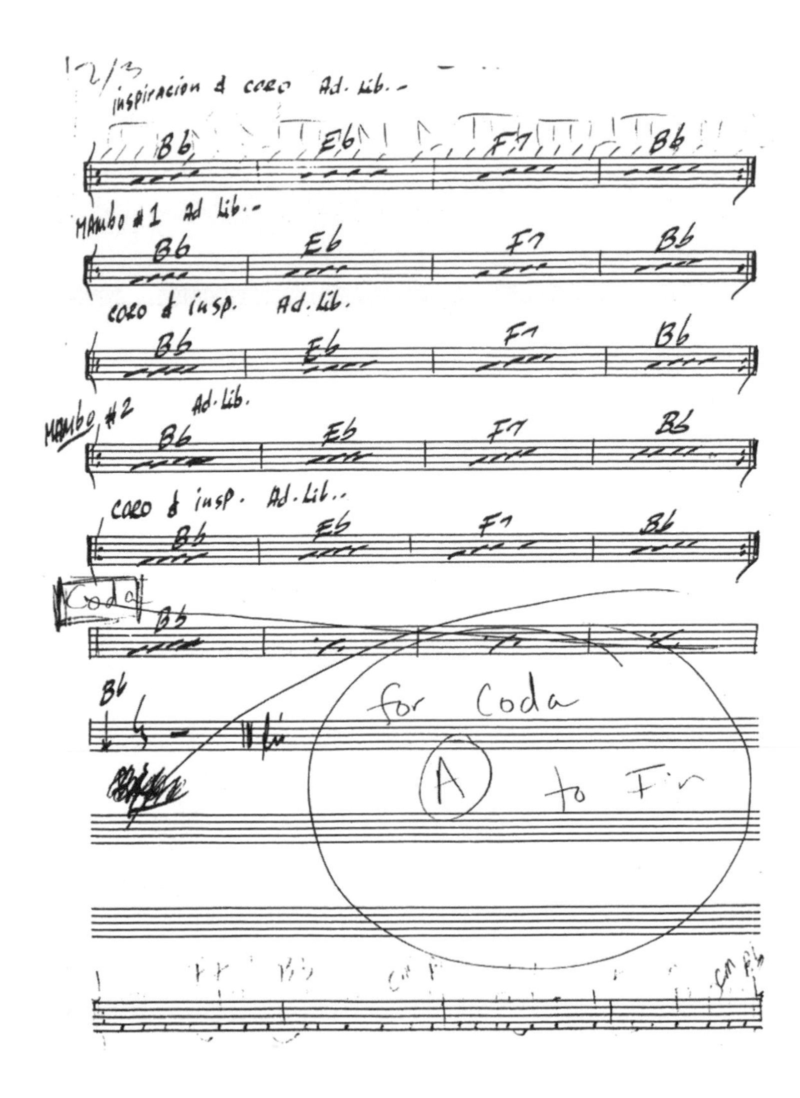

Partitura para piano de "Nació Varón". Música y letra de Ramón Orlando Valoy. Página 2

Ramón Orlando Valoy. Foto José Díaz

Frutos del carnaval

"Los Virtuosos" ya era un grupo popular y consolidado en los primeros lugares, sus seguidores lo conocían también como "La Tribu", los fanáticos del grupo bailaban la salsa y los merengues que tocaban en presentaciones en vivo o en bailes que organizaban para gozar los éxitos grabados en los acetatos de la época que se vendían como pan caliente.

Cuco era el hombre de las ideas, Ramón Orlando el hombre de los arreglos y la música la cual fluía naturalmente para gusto del público.

El grupo se encontraba de gira por Colombia en el año 79, habían terminado en Cali y Larry Landa, el promotor caleño había hecho un arreglo con el empresario barranquillero Rafael "El Capi" Bisbal para que "Los Virtuosos" tocaran en "Curramba La Bella".

Llega el grupo a Barranquilla en noviembre para tocar en un la caseta "La Saporrita" de "El Capi", el grupo no estaba tan fuerte en Barranquilla como en Cali pero cuando el grupo rompe con su sabrosura los que estaban en la caseta se encloquecieron, "El Capi", satisfecho le dice a Cuco que lo quiere llevar para los carnavales que se hacen en febrero. Cuco le pide que le explique sobre la celebración y "El Capi" hace la descripción de lo que ocurre mientras Cuco escucha atento y toma algunas notas.

En el avión, mientras el grupo regresaba a Santo Domingo, Cuco escribió la letra de *Frutos del Carnaval*.

Una vez en la capital dominicana se reunió con Ramón y le contó que quería ir al Carnaval de Barranquilla y que necesitaba preparar un número especial para el cual tenía la idea. "¿Cuál es la idea?" –preguntó Ramón

Orlando.

–Vamos ha hacer un merengue raro –le dijo Cuco a Ramón Orlando– le tarareó e hizo el toque en el piano como lo había concebido y le pidió que hiciera el arreglo.

–¿Eso es lo que usted quiere? –le preguntó Ramón Orlando al papá, después de tocar el piano.

–Sí, eso es al piano y le ponemos unos saxofones y unas trompetas que hagan esto (tarareó) –relató Cuco.

Terminó Ramón Orlando en cuestión de un par de días y se fueron al estudio, admite Cuco que los músicos estaban un poco desanimados y comenzaron a grabar hasta el momento en que entran los saxofones y la cosa cambió. Se hicieron algunas correcciones y en menos de 15 días "El Capi" recibió una cinta en Barranquilla que una vez puesta en las emisoras se convirtió en el tema número uno en la radio hasta el punto que es considerado el himno del Carnaval de Barranquilla[1].

"La historia de Barranquilla es muy profunda y muy larga. El merengue de ahora y de los años 80 no había entrado a Colombia. A nosotros nos preguntaban

_¿Y de dónde son ustedes?– preguntaba la gente.

–Dominicanos– respondía yo.

_¿Dominicanos? creíamos que ustedes eran puertorriqueños.

–Si, somos dominicanos, repetía.

[1] El Carnaval de Barranquilla es la única celebración del Gran Caribe declarada Obra Maestra del Patrimonio Oral e Inmaterial de la Humanidad.

La historia quizá no lo diga, en la República Dominicana, mi país, había fiebre de merengue, *Frutos del Carnaval* también se pegó en Quisqueya. La historia del merengue en Colombia cambió con *Frutos de Carnaval.* Habían en aquel entonces varios grupos colombianos importantes, entre ellos es imposible olvidar al gran Joe Arroyo, a Juan Piña, "Fruko y sus tesos", "El Binomio de Oro" y Diomedes Díaz. Cuando el grupo llegó a Barranquilla, reventó y le agradezco particularmente a los colombianos que nos han apoyado tanto. "Los Virtuosos" o "La tribu" hemos caminado el mundo pero Colombia es un lugar especial", afirma Cuco y continúa: "Lo de nosotros en Barranquilla es de admirar, ibamos con la intención que el público disfrutara y gozara nuestra música, las orquestas iban buscando la aceptación del público y el premio "Congo de Oro" el cual ganamos cuatro veces en línea, la premiación más importante de los carnavales, pero como he dicho, el premio más grande para nosotros lo seguimos celebrando: la aceptación y el cariño del público.

El cuarto "Congo de Oro" se lo arrancamos de la mano a Wilfrido Vargas, que debo decir es uno de los músico más capacitados que hay en mi país. Ese hombre tenía una agrupación excelente con unos coros maravillosos. Pero déjeme hacer un poco de historia. Cuando nosotros debutamos con "Los Virtuosos" los que peleaban el liderazgo eran Johnny Ventura y Wilfrido Vargas en la República Dominicana, cuando aparece *El Brujo* brota una corriente nueva que es la nuestra y el liderazgo se repartía en tres en vez de dos. Regresando a Barranquilla, los tres grupos fuimos invitados al "Carnaval de Barranquilla" nosotros ya habíamos ganado tres "Congo de Oro", Wilfrido y Johnny Ventura buscaban ganar el primero de ellos. Wilfrido, muy inteligente, me contaron que se fue una semana antes para familiarizarse con la ciudad y su gente.

Se buscó personajes famosos de Colombia y los empató con unos coristas que el tenía, incluyéndolo a él que eran los mejores. Su presentación la llenó de frases que le calaban a los colombianos. La verdad que lo admiro mucho porque es un ser inteligente de verdad. Entonces Wilfrido nos estaba esperando y en los pronósticos él era el favorito para ganarse el "Festival de Orquestas" que era motivo de mucho orgullo para la orquesta ganadora. Wilfrido toca de 10 a 11 de la mañana, enloquece al público y cuando termina lo califican 48 sobre 50 puntos posibles. Johnny Ventura y su Combo Show, se presentaron como a las dos de la tarde o por ahí, lo cierto es que una fiera como esa, porque Johnny en un escenario metía miedo, sacó menos puntos que Wilfrido. Preparamos los últimos detalles, éramos penúltimos, tenía que subir fuerte, le dije a Ramón que hiciera lo mejor que pudiera y que comenzáramos con: *Pá gozar contigo* donde Ramón hace un solo de piano, que continuáramos con el *Popurrí de salsa* que estaba superpegao y que cerraba con un coro conocido que le encantaba a la gente: "Buche y pluma no más eso eres tu, buche y pluma no mas" y que termináramos con *Frutos de Carnaval* que no lo habíamos tocado antes. Le dije al chofer que parara la guagua (autobús) una dos cuadras antes de llegar al lugar y le dije a los muchachos que necesitaba que nosotros hiciéramos lo que siempre hacíamos en los bailes y que no quería ni un congazo de más, ni una frase de más. Simplemente lo que tocamos en los bailes. Llegamos y salimos del bus y comenzamos el desfile hacia la tarima, Wilfrido estaba todavía allí, esperando que yo llegara, yo iba adelante, nos encontramos frente a frente, paré a saludarlo y Wilfrido me dijo: "Cuco, ya gané, nada más me faltan tu y Roberto Angleró. "Wilfrido, tu ganaste pero tienes que esperar que yo toque para que cobres", le dije. Subimos a tarima y en el orden preparado realizamos la actuación, Ramón Orlando enloqueció a la gente con su show tocando el piano, cuando ese primer número terminó eso allí parecía un manicomio. Nos afianzamos con "Buche y pluma no más eso eres tu, buche y pluma no mas" y cuando tocamos *Frutos de Carnaval* la verdad que la sacamos del estadio. El público enloqueció y los pañuelos que sacaron para celebrarnos parecían un ballet de mariposas. Cuando cantaron el puntaje "Cuco Valoy y "La Tribu" 49 puntos le dije a Wilfrido: "Te lo dije", él me felicitó. Más bulla, más aplausos y más algarabía no le dieron en Barranquilla a nadie en ese momento. *Frutos de Carnaval* sigue siendo la canción del Carnaval de Barranquilla".

"Pero no todo fueron risas y flores, en el aeropuerto de Barranquilla, al salir para Santo Domingo me dice el oficial de inmigración: "Sr. Valoy, su visa de trabajo?"

–Nos dijeron que necesitábamos una visa y los encargados la sacaron de paseo.

–"Lo lamento pero no pueden salir hasta resolver este *impasse* y pagar los impuestos que deben de sus presentaciones" realmente Larry Landa no nos había informado sobre la visa y lo de los impuestos.

Nosotros no sabíamos absolutamente nada. En segundos habíamos pasado de ser estrellas a ser detenidos. "El Capi" que fue al aeropuerto con nosotros habló con una gente importante, se hizo cargo de lo que debíamos y de aclarar lo de las visas y así pudimos salir. Después regresamos muchas veces a Colombia, tierra que quiero con el alma", concluye Cuco.

Frutos del carnaval
Letra y música: Cuco Valoy

Arranca, pelá, que llegó La Tribu
Con la rumba barranquillera al Carnaval

Coro

Qué es lo que tiene el Carnaval de Curramba
Tanto enloquece a la hija
Como enloquece a la mama (bis)

Cuando llega el Carnaval
Se oyen a los pelaos con las peladas gritando
En un rincón abrazaos

Qué es lo que tiene el Carnaval de Curramba
Tanto enloquece a la hija
Como enloquece a la mama (bis)

Coro
Pasa la Reina de Reinas
Pasa la Reina Central
Pasa la reina del barrio
Pero el grito se oye igual

Qué es lo que tiene el Carnaval de Curramba
Tanto enloquece a la hija
Como enloquece a la mama (bis)

Por otro lado la mamá
Cuando muere Joselito
Aunque muy discretamente también echa su gritico
Ay, Joselito, ay, Joselito, ay, Joselito, ay, Joselito
Mi marío se murió
Pero quedas tú para reemplazarlo

Dame para la comida
(Sollozos)

Qué es lo que tiene el Carnaval de Curramba
Tanto enloquece a la hija
Como enloquece a la mama (bis)

Otros van al Carnaval
Dispuestos a poner la mano
Y las pobres saporritas
Pasan la noche gritando:
"Quítame la mano
No pongas la mano" (Bis)

Qué es lo que tiene el Carnaval de Curramba
Tanto enloquece a la hija
Como enloquece a la mama (bis)

Es una orgía de fiesta
Donde sale todo el mundo
Y luego a los nueve meses es cuando salen los frutos
(Bebé llorando)
¡Mamá, papá!

Qué es lo que tiene el Carnaval de Curramba
Tanto enloquece a la hija
Como enloquece a la mama (bis)

Después del Carnaval la gente de Me Quejo se viven quejando
Uh, ah,
uh, ah,
uh, ah,
uh, aaaaaaah

Y en barrio Abajo lo bailan bajito

Y si no te abajas
Te empujan, te jalan,
Te empujan, te jalan,
Te empujan, te jalan,
Te empujan, te aaaaaaaay!

Y en Rebolo, después que muere Joselito lo meten en un cajón
Lo meten, lo sacan,
lo meten, lo sacan,
lo meten, lo sacan,
lo meten, lo aaaaay!

Mira, ahí vienen los muchachos de Las Nieves
Corre, que te pintan de blanco
Te pintan de blanco, te pintan de blanco,
Te pintan de blanco, te pintan de blanco,
Te pintan de blanco, te pintan de aaaaaaaay!

Partitura para piano de "Frutos del carnaval". Música y letra de Cuco Valoy.

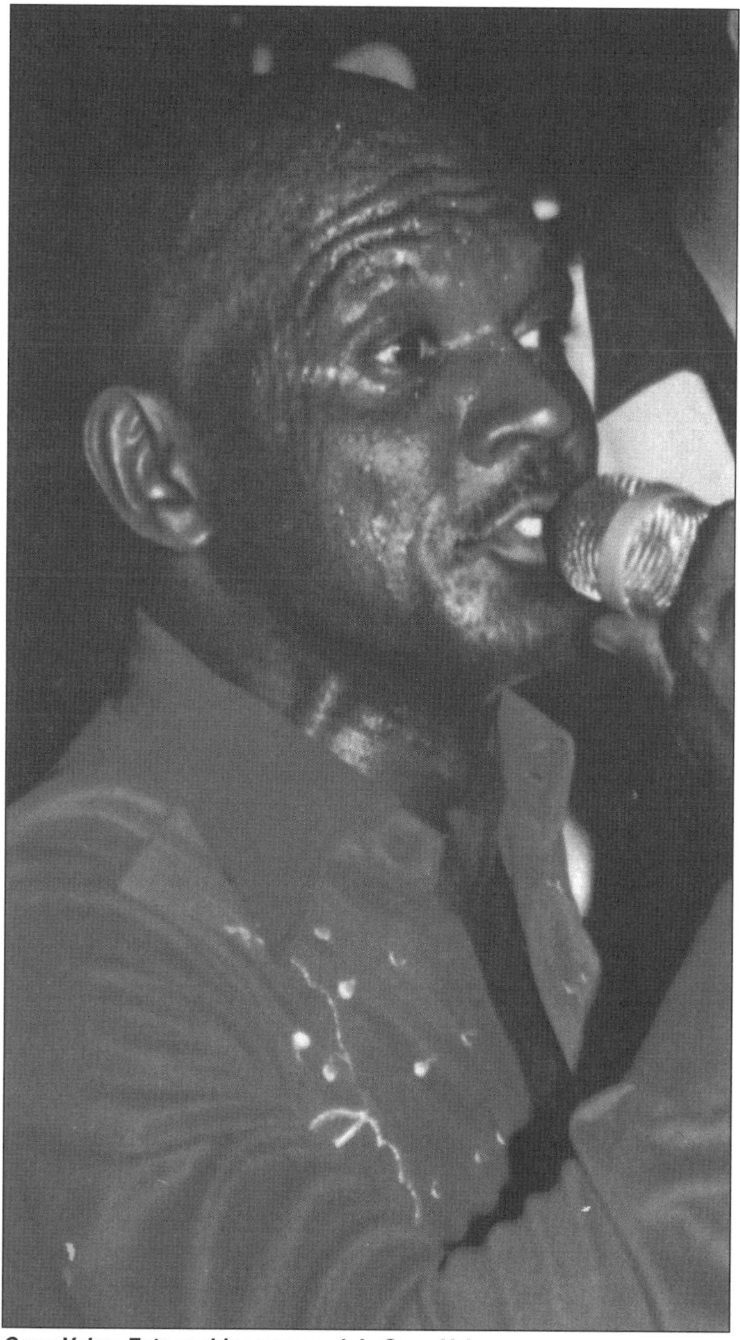

Cuco Valoy. Foto archivo personal de Cuco Valoy.

El concierto que no terminamos

"Los Virtuosos" estaban realizando una gira en el Ecuador que incluía conciertos en Quito, la capital, Portoviejo en la Provincia de Manabí y Esmeraldas en Esmeraldas. "Ese concierto en Portoviejo no se puede olvidar. He sido un hombre sin miedos que ha peleado poco pero ese día las cosas se pusieron muy difíciles, bastante difíciles. Creo que la vida termina de acuerdo a un tiempo y que todo tiene un tiempo. Se dónde nací pero no se dónde moriré, eso lo tengo claro, clarísimo", afirma Cuco.

El concierto se realizaba al aire libre, la tarima debería haber estado más o menos a metro y medio de altura. El lugar no estaba completamente lleno pero había bastante gente. Se notaba que entre la audiencia habían dos grupos rivales, eran bastante jovenes. Hacía calor, era un viernes de noche. La primera vez que "Los Virtuosos" o "La Tribu" se presentaban en Portoviejo. Comienza el concierto, se tocaron varios montunos. Cuco recuerda que la orquesta estaba tocando *Juliana.*

"Los grupos rivales estaban en su jaleo, se decían cosas que yo por estar concentrado en mi trabajo no atinaba a entender y realmente no seguía, me interesaba el grupo y la música" –recuerda Cuco y añade: "uno de los muchachos de los dos grupos le pasa un papel a Henry García, el cantante de turno, con la intención, según me di cuenta después, de que Henry dijera algo. El no dijo nada y siguió cantando. El muchacho se acerca nuevamente y le pide que diga algo. Henry siguió cantando *Juliana.* El tipo vuelve y le reclama a Henry "Por qué no dijiste lo que te pedí dijeras?", increpa a Henry y le empuja el micrófono que le da en la boca a Henry y le rompe el labio. Henry bien molesto le descarga el plato del pedestal que aguanta el palo donde va el micrófono y le rompe la cabeza. El tipo ensangrentado va cayendo y simultáneamente va sacando un revolver pequeño de su cintura. Lo veo, pensé que mataría a Henry, sin reflexionar me tiré desde la tarima como el mejor de los luchadores contra el tipo y le quité el revolver. Los demás muchachos entran en lo que se volvió una batalla campal, la policía trata de ayudar, la gente se sube a la tarima, y los músicos todos entran en el zafarrancho, la policía le dice a los músicos que corran y se metan en uno de los buses de la policía, se rumoró que había un policía muerto. La refriega sigue hasta que la policía puede llevarse el grupo para la estación de policía más cercana. Era un caos total, los policías que en número eran superados por los dos grupos de muchachos temían y temblaban por sus vidas. Una vez en la estación de policía hay un poco de respiro hasta que se ven las luces de un carro que se aproxima a alta velocidad, el hombre que había golpeado a Henry viene en ese vehículo, apunta las luces contra el edificio y saca un revolver inmenso, los policías estaban muy nerviosos" –rememora Cuco y continúa: "uno de los agentes le lanzó al tipo una bomba lacrimógena, después de unos instantes capturaron al muchacho, un grupo de policías se llevó a los músicos al fondo del local de la guardería. Los muchachos según se supo llamaron y dijeron que tenían un policía secuestrado y que lo cambiaban por su líder. Hay silencio, es de noche. Un par de ráfagas de ametralladora se escuchan en la lejanía. Como a las 4.30 o 5 de la madrugada luces de carros de la policía se aproximaron, el gobernador de la Provincia Manabí llegó a la estación de policía. Ofreció disculpas y se llevó al joven. Dijo que los instrumentos serían recuperados y garantizó la seguridad del grupo que salió en bus hacia Esmeraldas esa mañana donde por la noche tocamos el último concierto de esa gira antes de trasladarnos a Colombia. El chofer del bus fue el encargado de ofrecernos tranquilidad y la garantía de desplazarnos sanos y salvos, fue el héroe de la jornada. Ese de Portoviejo, fue el concierto que no terminamos y ese fue uno de los momentos más difíciles de mi vida", recapitula Cuco.

Henry García. Foto del archivo personal de Cuco Valoy.

El mejor amigo en la música

Padre e hijo han caminado los mismos senderos. Ramón Orlando Valoy, ha sido el eterno compañero de Cuco, el amigo entrañable, el músico preferido y admirado. Habló antes Cuco que cree y respeta mucho lo del tiempo, en la música y en la vida, lo ha manifestado varias veces: "todo tiene un tiempo". Llegó el tiempo en que se separaran y cuando esto ocurrió el remezón se dejó sentir en la agrupación. Aún lejanos en la distancia siguen cercanos en los sentimientos, nada expresa mejor la relación que existe entre ellos cuando Cuco hablando de la canción "Nació Varón" dijera: "Lo que es mío es de Ramón Orlando y lo que es de él, es mío".

Aparte de Ramón Orlando Valoy, el gran amigo, confidente y compañero en las andanzas diurnas y nocturnas ha sido Richard Brador. Cuco y Richard salían de la capital a Santiago de los Caballeros, cada uno en su carro con buena compañía y dos botellas de ron en cada vehículo. "Siempre andábamos con una compañera muy especial con la que hacíamos cada uno su fiesta después de terminado el baile", Cuco sonríe para sí dejando entrever el gozo que le proporcionan ciertos recuerdos.

Ramón Orlando Valoy. Foto José Díaz

Colombia

Cuco Valoy, "Los Virtuosos" y "La Tribu" supieron ganarse el cariño de los colombianos, de toda su gente, desde el primer momento en que los discos llegaron al país los mismos fueron todo un éxito, ni hablar de "Frutos de Carnaval" que se ha convirtió en una de los símbolos del "Carnaval de Barranquilla" y su gente. "Adoro a Colombia" –afirma Cuco y continúa: "Si hay una cosa que se llama amor, amor puro, lo tengo por Colombia y los colombianos. Después de mi país, mi corazón está con Colombia. Nosotros estábamos pegaos cuando llegamos a Colombia pero ellos nos reafirmaron y han conservado, diría yo, en un 80% nuestra producción musical".

La relación: Cuco Valoy, Colombia, Merengue es muy particular, el cantante Sergio Vargas se refirió a esa conexión de la siguiente manera: "Definitivamente los merengueros dominicanos le debemos la pegada del merengue en Colombia a Cuco Valoy y su referente musical lleno de buenos arreglos, buenos cantantes y bastante poesía en su repertorio, nos comprometió a los que fuimos después de él a llevar el merengue de alto nivel de calidad, hoy me sumo a los que elevan la figura del maestro Cuco al más alto nivel".

Cuco Valoy y José Díaz. Foto cortesía Danilza Velázquez.

Una anécdota en Nueva York

Una tarde cuya fecha no recuerda con exactitud, Cuco conducía su carro muy cerca al puente George Washington en Manhattan, se descuida por unos segundos y el espejo retrovisor de la puerta del lado del pasajero golpeó el mismo del lado del chofer de una patrulla de la Policía de Nueva York. Cuco se detuvo y un policía comenzó a caminar hacia el carro de Cuco. Mil teorías le pasaron a Cuco por la cabeza, el problema de haber golpeado un carro de la policía, el inconveniente que representaría la falta del idioma y el pensar cuál fuera el estado de ánimo de ese policía que Cuco veía acercar como un gigante por el espejo retrovisor.

–¿Qué le pasó señor? Deme su licencia de guiar y los documentos del carro. Le dijo el policía a Cuco en perfecto español.

Cuco movió los brazos que tenía en el volante y le entregó los papeles correspondientes al policía, le dijo que había tenido un descuido.

–¿Usted es hermano de Cuco Valoy?

Cuando Cuco escuchó eso le volvió el alma al cuerpo.

–Soy Cuco Valoy.

–!Cómo maestro¡ Venga salga.

Cuco salió del carro y el policía lo abrazó emocionado y le dijo: "Maestro soy barranquillero, en mi pueblo lo adoramos. Mi padres lo quieren muchísimo y escuchan y bailan su música todo el tiempo. Maestro, no se preocupe por este incidente, olvídese de esto, váyase tranquilo y no se distraiga".

Cuco se alejó y si una cosa se reclama hasta el día de hoy es no haberle preguntado el nombre al policía de la Ciudad de Nueva York, oriundo de Barranquilla.

Puente George Washington, New York, NY . Foto José Díaz

El exilio

Muchas razones se han dicho y muchas teorías se han tejido sobre la razón por la cual Cuco Valoy decidió salir de la República Dominicana en exilio voluntario el 9 de febrero de 1989. Principalmente, dice Cuco: " fue la desesperanza. Ver como la juventud luchaba y lucha sin cosechar sus frutos. Se ven cantidades de jovenes que se graduan y se preparan y no encuentran un trabajo y su única salida es irse del país o nadar en la miseria".

Cuco se había casado con Ana Domínguez, puertorriqueña que al ver que el estado de Cuco que se complicaba por la cuestión política y la situación económica por la que atravesaba el país le sugirió que se fueran un tiempo a Puerto Rico o a los Estados Unidos.

Cuco no pagaba con gusto los impuestos en la República Dominicana porque estaba convencido que ese dinero iría a los bolsillos de algún político corrupto y eso le molestaba, como forma de protesta se rapaba la cabeza, algo extraño en su país que al fin de cuentas se convirtió en su símbolo y en la solución para muchos que perdían el pelo.

La democracia que se vive en el país no le gusta, dice que "es una democracia para los que dirigen la nación, no para el resto, un obrero entrega los mejores años de su vida trabajando y el sudor no le garantiza nada en los últimos años de ella. Cuando ese trabajador necesita la ayuda del gobierno al final de su existencia, cuando necesita una pastilla o un servicio médico, cuando requiere una pensión, nada aparece, el gobierno o esa democracia brillan por su ausencia. En ese tipo o mejor en esa manipulación del concepto y de la idea de lo que es la democracia la corrompen, gobiernan a su antojo, se roban las elecciones y las validan como legítimas. Eso no me gusta, contra eso canté, contra eso canto", comenta Cuco.

Ya en los Estados Unidos, tocando un baile se le acercó un periodista y le preguntó: "Caramba Cuco y cuándo es que tu vas a volver para tu país?" Cuco respondió: "yo volveré a la República Dominicana cuando Balaguer no sea presidente".

Cuco estuvo siete años sin regresar a su terruño, en ese lapso de tiempo, como se mencionó anteriormente en el libro, se liquidó el sello CMV.

Cuco vive ahora en Allentown en el Estado de Pensilvania en los Estados Unidos.

Cuco Valoy. Foto José Díaz

La Bachata, Patrimonio Inmaterial de la Humanidad

La bachata fue nombrada el 11 de diciembre de 2019, Patrimonio Inmaterial de la Humanidad por la Organización de la Naciones Unidas para la Educación, la Ciencia y la Cultura (UNESCO) en la sesión celebrada en Bogotá, Colombia. La UNESCO decidió inscribir la bachata en su lista pues considera que "la música y el baile de la bachata son expresiones culturales nativas siempre presentes en las celebraciones de las comunidades o en reuniones sociales".

La organización explicó que este género surgido de la fusión del bolero con otros ritmos afroantillanos como el son cubano, el chachachá y el merengue, necesita para su interpretación de un grupo con una o dos guitarras, un contrabajo y un conjunto de instrumentos de percusión que incluye bongos, maracas y güiro.

"El ritmo musical de la bachata tiene un compás de cuatro tiempos y uno de los músicos es el que suele actuar como cantante principal. La danza de la bachata es tan apasionada como su música. Basada en un ritmo de ocho compases, se baila en pareja con movimientos sensuales de las caderas", añadió la UNESCO.

Cuco celebró con gran alegría la noticia.

Hagamos un poco de historia. Lo que hoy se conoce como Bachata es la música que por su contenido lírico y musical fue segregada por las clases sociales dirigentes de la República Dominicana, despectivamente se le llamó "Música de Guardia" o "Música de Amargue" pero realmente es una variación del bolero y su sensual baile comienza por allí por los lados del bolero, esa misma forma de bailar va tomando diferentes expresiones y llega incluso a crearse la famosa bachatango que fue popular fuera de la República Dominicana y que hoy tiene pocos exponentes. La bachata es hoy en día popular en América Latina y buena parte del mundo occidental.

"La Bachata era rechazada por buena parte de la gente en la República Dominicana, muchos incluso se reían y hacían comentarios despectivos de sus interpretes, el gran luchador en ese género, para mí es Luis Segura"–afirma Cuco y prosigue: "no se puede decir que este o aquel es el padre de la bachata, también nosotros la tocábamos cuando no se le llamaba así. Son esencialmente boleros, como los de Lucho Gatica. Antes de José Manuel Calderón, de Luis Segura, de Leonardo Paniagua, de mí persona y otros estaba el "Trio Los Panchos" que cantaban bolero. Los temas que cantaban Víctor Víctor y Sonia Silvestre son otro tipo de sonido al que también bautizaron Bachata aunque ellos creo que le pusieron "Música de Vellonera". Quién no se acuerda de *Dos Rosas* de Bernardo Ortíz que grabamos en el sello CMV bajo mi producción. Pasó un tiempo y la Bachata estaba en el piso, es la verdad, Luis Segura grabó el bolero *Pena por tí* que fue un palo en la República Dominicana, que todo el mundo tuvo que escuchar. Segura fue pues el segundo intérprete de esa música que hoy se llama Bachata porque el primero sin discusión alguna en la República Dominicana fue José Manuel Calderón. Hay que escuchar la guitarra de Calderón para darse cuenta inmediatamente que "Los Panchos" están cerca. Juan Luis Guerra grabó *Bachata Rosa* el álbum más grande que él a pegado que llegó prácticamente a adueñarse de ese género lo que ocasiona que la gente casi en su totalidad tenga respeto por lo que hoy se conoce como Bachata. No nos perdamos, los puertorriqueños Tommy Figueroa, "El Jibarito de Lares" y Blanca Iris Villafañe "La reina de las velloneras", anteriores a José Manuel Calderón y a Luis Segura ya cantaban ese género con buenas letras, guitarras virtuosas y excelentes voces. Es un gran triunfo para todos los que incursionamos en este género, debo recalcar aquí porque "al César lo que es del César" que la Bachata realmente no es otra cosa que una variación del bolero, que me molesta el nombre de Bachata porque es producto de la discriminación y la segregación y eso y yo no vamos juntos".

Foto José Díaz.

Ramón Orlando Valoy

Dice Cuco que: "Ramón Orlando Valoy desde niño mostraba su talento en la música, tendría algunos 7 añitos cuanto tocaba las maracas en los ensayos de "Los Ahijados". Ramón Orlando tiene el tiempo y el ritmo por dentro, a esa misma edad lo senté un día en el piano, le dije mira este es el tono Do mayor y se toca de esta manera, le expliqué un poco más. Sabía un poco de teoría, me tarde media hora con él, lo dejé ahí y a los ocho días lo tocaba mejor que yo, desde ese momento, con gran disciplina, llegaba del colegio y se sentaba al piano. La verdad es que el instrumento preferido de Ramón Orlando era la batería, le manifesté que el piano era el camino para lograr una mejor vida en cuanto a lo económico se refiere, le dije por ejemplo que usted coloca un piano en un restaurante y toca y en la noche se gana vamos a decir 300 pesos que en esa época estaba a la par del dólar, con eso usted le dará de comer a sus hijos, me entendió y se dedicó con seriedad. Le gustaba, lo disfrutaba y lo tocaba re bien, al poco tiempo era uno de los estudiantes más sobresalientes del Conservatorio Nacional de Música, donde estudió. Ramón Orlando le dice a sus hijos, alumnos, jovenes y allegados: "Llévate de consejos para que te vaya bien".

Trabajó a mi lado durante años, su interpretación y las figuras que hacía mientras tocaba el piano eran y son insuperables, llegó el tiempo que él se independizara como lo hizo, logró más éxitos, más nombre. Pasó de ser el hijo de Cuco Valoy a ser el maestro Ramón Orlando Valoy.

Aunque hay otros, creo que sin lugar a dudas es el mejor músico que existe en la República Dominicana, afirma Cuco.

Entre los hijos de Cuco, cuatro se dedicaron a la música. Ramón Orlando: compositor, pianista y arreglista, Jim: saxofonista, Marcos: trombonista y Christopher: trompetista.

Con el grupo "Los cantantes" formado por Ramón Orlando aparte de la "Orquesta Internacional" sacaron el famoso disco *El venao* que para Cuco es el éxito más importante de Ramón Orlando en el mercado internacional del merengue, Christopher fue el cantante de ese número.

Finalmente –dice Cuco– debo confesar que en Ramón Orlando veo una similitud con Agustín Lara. Cuando Ramón toca el piano y canta hay un parecido increíble entre él, el "Flaco de Oro" y la respuesta del público.

El famoso disco "El venao" es según Cuco Valoy el éxito internacional más importante de Ramón Orlando Valoy. Foto José Díaz.

Ramón Orlando Valoy. Foto José Díaz

Ana Valoy

"Quiero que sepan", dice Cuco: "que en la época en que yo crecí, en mi adolescencia y mi primera edad mayor, tener un par de mujeres y muchos hijos era algo normal en la República Dominicana. Yo crecí así, después cuando finalmente me casé con Ana Valoy, mi esposa actual, y cuando viajé a otros países, entendí la realidad de una relación entre dos personas que se aman y se quieren para crecer y convivir en armonía sin causarse dolor alguno". "Le dije a Ana que le prometía que no derramaría una lagrima por mi culpa y así ha sido. Nos conocimos en Perth Amboy, una ciudad del Estado de Nueva Jersey en los Estados Unidos, tocábamos un baile, nos flechamos y me enamoré de Ana a quien quiero y con quien decidí vivir hasta el fin de nuestros días. Hicimos del entendimiento una magia cuyo propósito es que el otro sea feliz, nos casamos en 1981".

Cuco y Ana Valoy. Foto del archivo personal de Cuco Valoy

Celebrando 50 años de carrera artística

El 12 de enero de 2020, el Comité Organizador del homenaje al héroe puertoplateño Greogorio Urbano Gilbert presentó un histórico concierto en el que "Los Virtuosos" de Cuco Valoy y la orquesta "Los Van Van" de Cuba celebraron sus 50 años de trayectoria artística.

La presentación en el Anfiteatro Puerto Plata en la República Dominicana fue una iniciativa del Ministro de Turismo, Francisco Javier García, el propio ministerio y un renglón del turismo cultural dominicano bajo la producción del empresario Luis Medrano.

"Los Virtuosos", "La Tribu" de Cuco Valoy celebrando 50 años de carrera artística. Foto del archivo personal de Cuco Valoy

El legado

Cuco quiere que lo recuerden como ha sido, un hombre entregado a su trabajo. Una persona dedicada a la música, a la composición e interpretación y a pregonar que los seres humanos, todos sin excepción merecemos vivir la vida con oportunidades y con dignidad. Cuco resalta que su principal atributo como ser humano es la lealtad.

Cuco Valoy. Foto del archivo personal de Cuco Valoy.

Espontáneo y en pocas palabras

A quién le hubiera gustado conocer? **A Charlie Chaplin.**
CMV: **El sello de Cuco y Martín Valoy.**
Con quién le gustaría sentarse a hablar? **Con Carlos Gardel.**
El Profesor Juan Bosch: **Tuve la dicha de conversar con él en dos ocasiones.**
El "Pupi de Quisqueya": **Personaje popular que nadie vio.**
El Son u otra música: **Mi vida es el son.**
El "Super Suki Sabrosón": **Pesonaje popular de Radio Tropical.**
Manoguayabo: **El lugar donde yo nací.**
Que le hubiera gustado hacer que no ha hecho? **Cambiar el mundo.**
Radio Tropical: **La estación que por poco me funde.**
Rafael Leonidas Trujillo: **Uno de los dictadores más cruel y criminal de la historia.**
Su ídolo en la vida? **Los Compadres.**
Su ídolo en la música? **Los Compadres.**
Un amigo: **Richard Brador.**
Un ángel: **El ángel de mi guarda.**
Un éxito propio: **Juliana.**
Un evento: **Tommy Valoy que casi llega a ser campeón mundial de boxeo.**
Un instrumento: **La tambora.**
Un merengue: **El Brujo.**
Un músico dominicano: **Ramón Orlando Valoy.**
Un músico no dominicano: **Rafael Ithier.**
Un país fuera de República Dominicana: **Colombia.**
Un pelotero del Licey: **Diomedes "Guayubín" Olivo**
Un pelotero de los Yankees: **Mariano Rivera**
Un promotor: **José Gómez.**
Un público: **El colombiano.**
Un son: **"Son de la loma".**
Un sueño: **Que la República Dominicana tenga un nuevo día.**

Una canción ajena: **"Huellas del pasado"**
Una ciudad: **Santo Domingo.**
Una orquesta: **"La Internacional" de Ramón Orlando Valoy.**
Una voz femenina en el mundo: **Celia Cruz.**
Una voz masculina en el mundo: **Carlos Gardel.**
Una voz femenina en la República Dominicana: **Milly Quezada.**
Una voz masculina en la República Dominicana: **Fernando Villalona.**
¿Si volvieras a nacer dónde te gustaría que fuera? **Por supuesto que en la República Dominicana, mi patria amada.**
Algo más? **El cambio del mundo.**

Cuco Valoy. Foto José Díaz

Cuando le comenté al pintor dominicano Rigo Peralta que estaba escribiendo la biografía autorizada de Cuco Valoy me preguntó que qué pondría en la portada. "Estoy buscando la foto ideal", le dije. "Déjame yo hago una pintura del maestro". Aquí el momento en que le enseña la pintura que le encantó al maestro Cuco Valoy. Foto José Díaz.

Cuco Valoy y José Díaz. Foto cortesía Danilza Velázquez.

Premios y reconocimientos

La lista de premios y reconocimientos que ha recibido Cuco Valoy es inmensa, de esa serie es muy importante resaltar sobre todo tres que un músico de cualquier época desearía tener en su historial de vida.

Congo de Oro.
Festival de orquestas del Carnaval de Barranquilla Ganado en los años 1980, 1981, 1982 y 1983 en la categoría de combo y en 2015 como Rey del Pueblo.

El Gran Soberano.
Es considerado la mayor distinción de la República Dominicana en el ámbito artístico dominicano, lo recibió el 28 de marzo de 2017. Los Premios Soberano, eran conocidos como Premios Casandra, son otorgados anualmente por la Asociación de Cronistas de Arte de la República Dominicana y la Cervecería Nacional Dominicana. Cuco dedicó su triunfo a "Los Virtuosos", el grupo que abrió la puerta del merengue en el viejo continente, dijo además que era un hombre feliz y afortunado.

Premio a la Excelencia Musical del Latin Grammy. El 15 de noviembre de 2017 recibió en Las Vegas, Nevada, Estados Unidos, el "Premio a la Excelencia Musical" de la Academia Latina de Grabación (Latin Grammy), el premio le fue entregado por el también músico dominicano Johnny Ventura.

Foto del archivo personal de Cuco Valoy.

En la foto arriba Cuco Valoy con el Grammy, en la foto abajo recibiendo el premio de manos de Johnny Ventura. Fotos del archivo personal de Cuco Valoy.

Discografía

Páginas Gloriosas de Mi Patria (1965)
La Cuña (1965)
Vuelven... Los Ahijados (1969)
El Borracho (1970)
Cuco Valoy Vol. 5 (1971)
Virgen de la Cueva (1972)
¡De Quisqueya... Con Sabor! (1973)
Virgen De La Cueva (1973)
Kikiribú Mandinga Vol. 7 (1973)
El Enterrador (1973)
Sigue Afincando (1974)
¡No Me Empuje! (1975)
Cuco Valoy Vol. 10 (1976)
El Brujo (1976)
De Nuevo Los Ahijados (1976)
Un Momento!... Llegaron (1977)

Foto del archivo personal de Cuco Valoy.

El Gordito de Oro En Suavecito (1978)
Salsa Con Coco (1978)
Los Diplomáticos de Haití (1978)
Merengues de Mi Tierra (1978)
Hechizo, Música y Melodia (1979)
Tremenda salsa (1979)
Arrollando (1979)
Super Hits Salsosos (1979)
El Magnífico (1980)
Lo Mejor de Cuco Valoy y Sus Virtuosos (1980)
Sonero Mayor (1980)
Sones Montunos Vol. 1 (1980)
Tiza! (1980)
Sin Comentarios (1981)
Si yo fuera presidente (1981)
Sones Montunos Vol. 2 (1981)

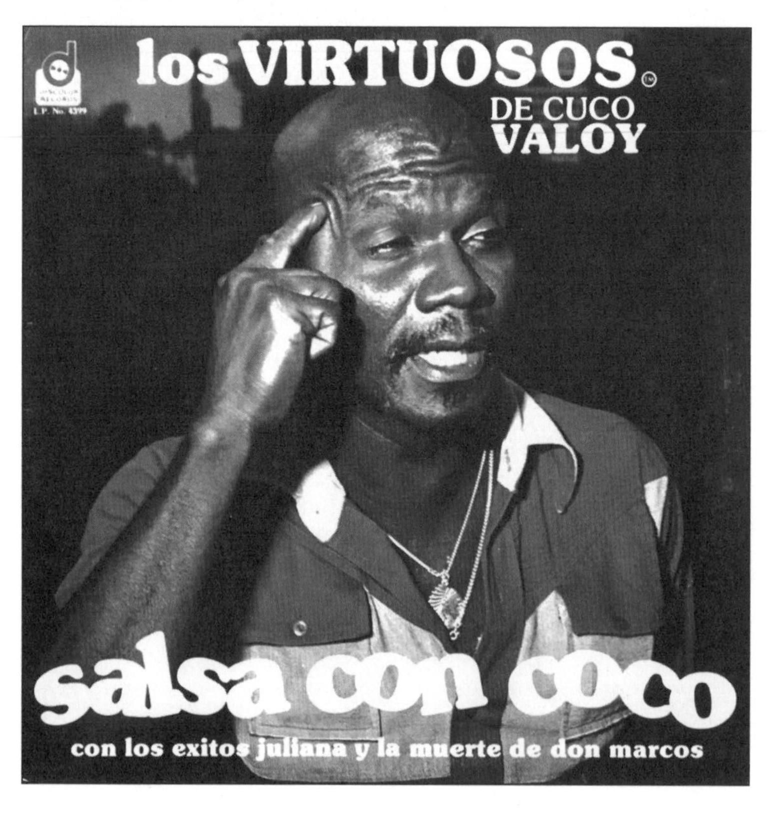

Foto del archivo personal de Cuco Valoy.

Foto del archivo personal de Cuco Valoy.

Tremenda Salsa (1981)
Chévere (1982)
A la Carga (1982)
Lo Mejor de Cuco Valoy Vol. 1 (1982)
Bien Sobao (1982)
La Tribu en Barranquilla (1982)
A Guarachar Con Los Ahijados (1982)
Sonero y Merenguero (1983)
Fin de Año Con Cuco (1983)
El Congo de Oro (1983)
Yolanda (1983)
¿Qué Será lo Que Quiere el Negro? (1983)
Los Mejores Discos (1983)
Confesion De Un Hijo (1983)
Vuelven Los Ahijados (1983)
Cuco Valoy y Su Tribu (1984)

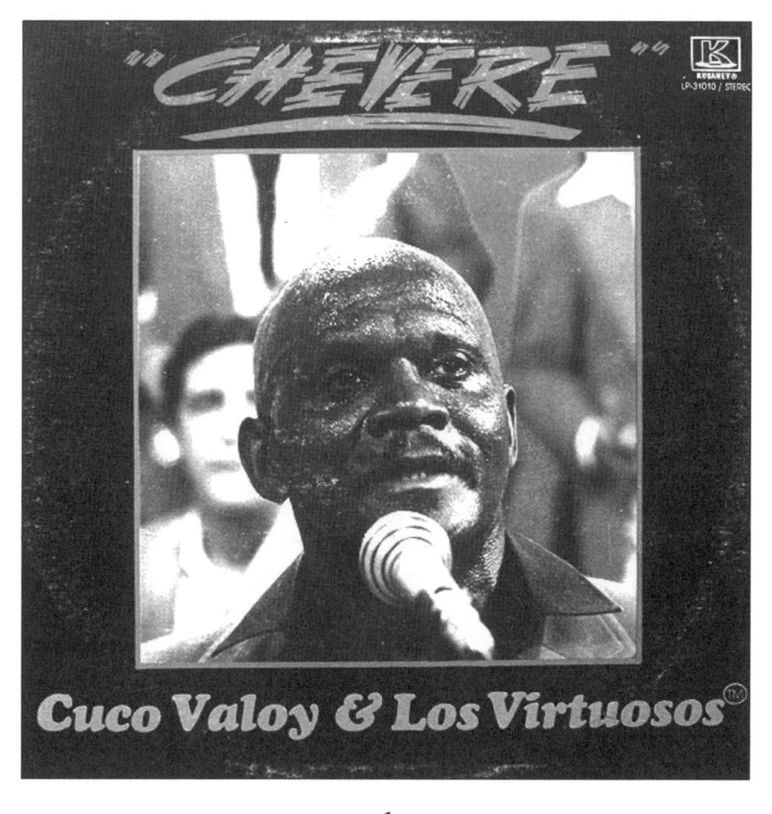

Cuco Valoy. Foto del archivo personal de Cuco Valoy.

La Tribu de Cuco Valoy (1984)
Cuco y Ramón Orlando Valoy Presentan a Alberto Beltrán (1984)
Ritmo Típico Sabroso (1984)
Mejor Que Nunca (1985)
Los Mejores (1985)
Con Algo Más Que Ayer (1985)
Disco de Oro (1985)
Con Sabor del Trópico (1986)
Los Soneros (1986)
Merengueando Con Cuco (1987)
Arrasando (1987)
Sonero (1987)
El Brujo Vol. 2 (1987)
Juntos Otra Vez (1988)
Sonero (1988)

Cuco Valoy. Foto José Díaz

20 Éxitos (1988)
A Petición Popular... Salsa (1989)
El Milloncito (1990)
Sonero Mayor (1991)
La Gran Obra Musical (1991)
Las Salsas de Cuco (1991)
La Salsa de Cuco Valoy: 15 Éxitos (1991)
Éxitos Vol. 2 (1991)
Salsa Con Coco (1991)
Vuelven los Ahijados 1992
Sones Montunos 1992
El Que Sabe...! 1992
Sabroso (1993)
Las Mujeres Calientes (1994)
Tiza! (1994)
Cuco y Martín Valoy (1994)

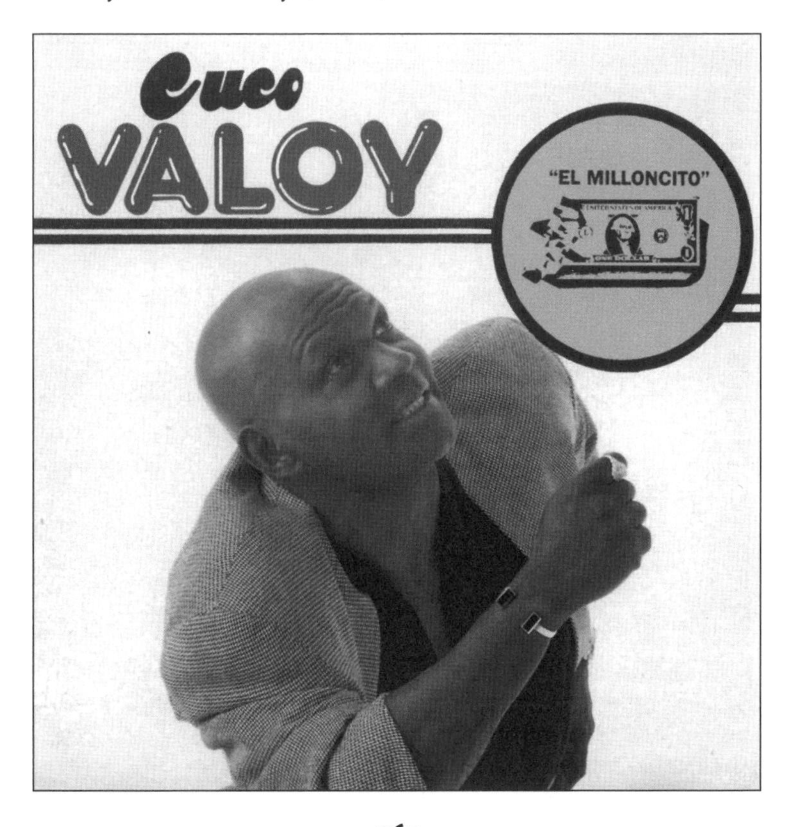

Adelante Soldados (1994)
Época de Oro (1995)
El Disco de Oro (1996)
El Disco de Oro (1997)
Caliente: La Cuca de Cuco (1997)
Gold (1998)
En Dos Tiempos (1998)
¡Que Gobiernen las Mujeres! (2002)
Lo Mejor de la Salsa (2003)
La Resaca
Intacto (2004)
Grandes Soneros de la Época (2004)
Sonero y Valor (2007)
Reserva Musical (2008)
La Piedra (2009)

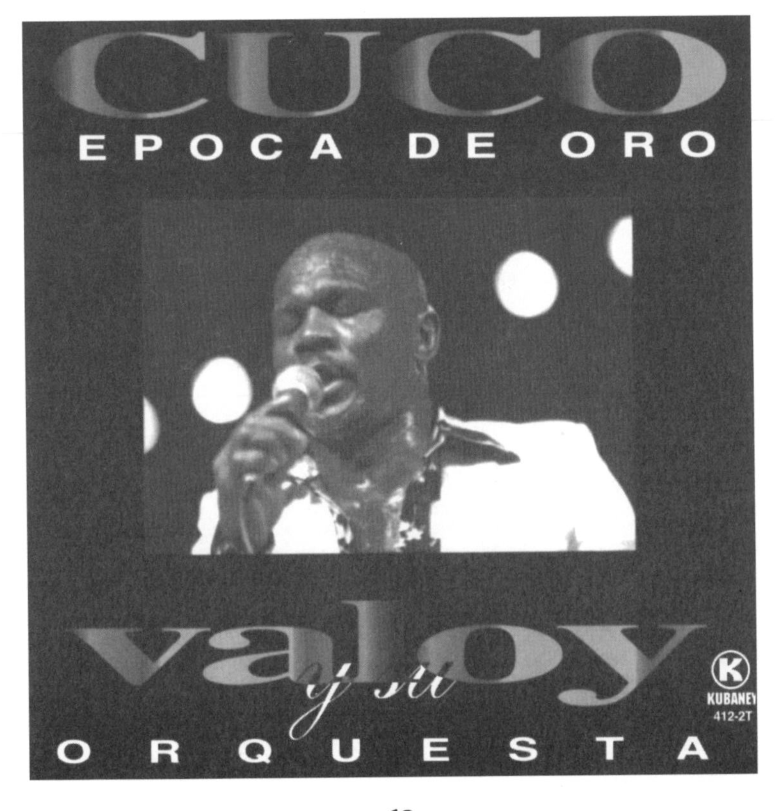

Antes de cerrar el libro

Cuco Valoy. Foto José Díaz

Tengo que contar que no soy un hombre académico, que me hice con mi esfuerzo y que mantener metas y objetivos constantes fue parte de mi éxito, que con orgullo personal puedo decir que yo mismo me alfabeticé. Que he sabido adaptarme a los cambios que ofrecen el tiempo y el desarrollo, que ahora soy capaz de sentarme frente a una computadora y hacer algo. Que no me avergüenza contar que a los 15 años, en la casa de Doña Julia Pou de Freites, me puse el primer par de zapatos. Que el ron por mucho tiempo fue mi amigo, inspirador y confidente. Que la música ha sido mi vida y mis hijos fuente de orgullo. Que he visto desfilar los colores de la alegría y que he visto correr el crecido río de las injusticias y que siempre he pensado que los seres humanos, como un todo, merecemos un mejor destino, que no hay que quitarle a los ricos pero que hay que ayudar a los menos favorecidos, que las enfermedades más criminales que existen son la corrupción y la impunidad y que con un poco de voluntad y el cumplimiento de las leyes, en lo que a mi concierne, la República Dominicana puede y debe ser un mejor país.

No voy a esperar el último momento de mi vida para pedirle perdón a todas las mujeres que lloraron por mi causa y a todas las que les ofrecí un matrimonio que nunca cumplí. Que me perdonen. Gracias a Ana, mi esposa actual por su entendimiento, apoyo y compromiso. Que Cuco Valoy, "El Pupi de Quisqueya" y el "Super Suki Sabrosón" nunca le desearon mal a ser humano, todo lo contrario, el trabajo, la comedia y la jocosidad fueron para la diversión de nuestros semejantes.

Les deseo bienestar, salud, paz y alegría.

Cuco Valoy
Julio de 2021

José Díaz, nació en Cali, Colombia (1953), terminó su carrera en Gerencia y Mercadeo y un MBA en Gerencia en

la Universidad Mundial en Puerto Rico. En el Lehigh County Community College en Pensilvania, obtuvo un grado asociado en contabilidad. En la Universidad de Nueva York se graduó en negocios internacionales.

En 1977 se casó con Danilza Velázquez.

Fundó en 2002 y es desde entonces el editor del periódico "Panorama Latin News", que circula los miércoles, cada quince días, en Filadelfia y ciudades vecinas en los Estados Unidos.

En 2012 José Díaz publicó: "Yo candidato: Propongo, prometo, me comprometo". Un libro con entrevistas a 9 presidenciables dominicanos y "El Libro de Epitafios" (ficción). En 2013 publicó: "Pupi" Legarreta, La salsa lleva su nombre". Una biografía autorizada de Félix"Pupi" Legarreta.

Ha escrito y dirigido varios cortometrajes que pueden verse en YouTube en la página: "José Díaz.Escritor". En 2017: "¿Cómo ha sido tu día?", en 2018: "Selfi".

Desde 2014 estudia cerámica con el maestro Renzo Faggioli en la Baum School of Art en Allentown, Pensilvania. José además de la cerámica trabaja esculturas en madera y acero.

Obtuvo el Premio de Oro a la mejor fotografía internacional otorgado por la Asociación de Periódicos Hispanos de los Estados Unidos en Las Vegas, Nevada, en octubre de 2011.